Jakow Neistadt

Zauberwelt
der Kombination

Ullstein Sachbuch

Ullstein Sachbuch
Ullstein Buch Nr. 34848
im Verlag Ullstein GmbH,
Frankfurt/M – Berlin
Aus dem Russischen
übersetzt von Rolf Voland

Ungekürzte Ausgabe

Umschlagentwurf:
Hansbernd Lindemann
Unter Verwendung eines Fotos von
Mechthild Wilhelmi, Berlin
Alle Rechte vorbehalten
© 1987 by Sportverlag Berlin
Printed in Germany 1991
Druck und Verarbeitung:
Ebner Ulm
ISBN 3 548 34848 3

November 1991

Die Deutsche Bibliothek –
CIP-Einheitsaufnahme

Nejštadt, Jakov I.:
Zauberwelt der Kombination / Jakow
Neistadt. [Aus dem Russ. übers. von Rolf
Voland]. – Ungekürzte Ausg. –
Frankfurt/M; Berlin: Ullstein, 1991
　　(Ullstein-Buch; Nr. 34848:
　　Ullstein-Sachbuch)
　　ISBN 3-548-34848-3
NE: GT

Inhalt

Einleitung 5

Ablenkung 11
   Wie würden Sie spielen? 15

Hinlenkung 23
   Wie würden Sie spielen? 26

Vernichtung der Verteidigung 31
   Wie würden Sie spielen? 33

Räumung eines Feldes oder einer Linie 36
   Wie würden Sie spielen? 38

Fesselung 40
   Wie würden Sie spielen? 43

Unterbrechung 45
   Wie würden Sie spielen? 46

Blockade 48
   Wie würden Sie spielen? 50

Verknüpfung taktischer Methoden 52
   Ablenkung und Hinlenkung 52
   Ablenkung und Räumung eines Feldes 53
   Ablenkung und Fesselung 53
   Ablenkung und Unterbrechung 54
   Hinlenkung und Räumung einer Linie 54
   Unterbrechung und Hinlenkung 55
   Beseitigung der Verteidigung und Unterbrechung 56
   Fesselung, Hinlenkung und Ablenkung 57
   Wie würden Sie spielen? 58

Bauernumwandlung 68
   Wie würden Sie spielen? 70

Wundersame Rettung 72
   Wie würden Sie spielen? 76

Examen Ihrer taktischen Schlagfertigkeit 80

Lösungen 116
Ablenkung 116
Hinlenkung 123
Vernichtung der Verteidigung 127
Räumung eines Feldes oder einer Linie 129
Fesselung 130
Unterbrechung 132
Blockade 134
Verknüpfung taktischer Methoden 135
Bauernumwandlung 143
Wundersame Rettung 144
Examen Ihrer taktischen Schlagfertigkeit 147

Einleitung

Von eleganten Kombinationen werden Schachspieler immer wieder fasziniert und begeistert. Lernende erleben bereits bei ihren ersten taktischen Erfolgen ästhetische Befriedigung – wenn ihnen mit Hilfe einer Springergabel, eines Doppelschachs oder einer Fesselung ein Sieg gelingt. Durch schachliches Training verfeinert sich das ästhetische Empfinden und paßt sich dem Grad der erreichten Vervollkommnung an.

Es ist eine alte Erkenntnis, daß die wichtigste Form des schachlichen Trainings im praktischen Spiel, in der Teilnahme an Turnieren und Wettkämpfen besteht. Um besser Schach spielen zu können, muß man viel und möglichst mit stärkeren Partnern Partien austragen. Diese Tatsache bedarf jedoch einiger Erläuterungen.

Jede Schachpartie stellt eine Art Prüfung dar. Diese Prüfung gibt aber noch keine präzisen Antworten auf die Fragen, die für die Vervollkommnung eines Schachspielers von größter Wichtigkeit sind: Haben Sie (und Ihr Partner) in jeder sich von Zug zu Zug verändernden Situation richtig gespielt? Wo unterlief der entscheidende Fehler? Wurde er in der zweckmäßigsten Weise ausgenutzt?

„Um diese Fragen klären zu können, muß die Partie sorgsam analysiert werden", wird der Leser erwidern. Wir möchten aber raten, daß Sie das möglichst nicht allein tun sollten, sondern zusammen mit einem Schachspieler, der Sie in der Qualifikation deutlich übertrifft.

Für Ihre Analyse, so gewissenhaft sie auch sein mag, empfiehlt sich deshalb eine Überprüfung, weil sie von Ihrer Spielstärke abhängt. Nehmen wir an, Sie haben die Stelle entdeckt, wo Sie nach Ihrer Einschätzung vom richtigen Weg abgekommen sind, haben die Ungenauigkeiten und Fehler erkannt und wissen jetzt, wie Sie richtig spielen mußten. Ob Sie aber tatsächlich die besten Züge gefunden haben? Ist Ihr taktisches Sehvermögen genug geübt? Haben Sie vielleicht in der Analyse eine günstige kombinatorische Möglichkeit übersehen? Und schließlich spielt eine Rolle, wie Ihr Stellungsgefühl entwickelt ist,

d. h., wie Sie die entstandene Lage erfassen und die Stellung beurteilen, wenn Sie alle Varianten durchgerechnet haben. Es kommt darauf an, keine Luftschlösser zu bauen und andererseits nicht entscheidende Fortsetzungen auszulassen, weil man glaubt, die Stellung biete nichts Besonderes. Aber selbst wenn Sie die ständige Möglichkeit haben, mit einem stark spielenden Partner gemeinsam zu analysieren, werden Sie kaum zu echten Erfolgen gelangen, solange Sie sich nur mit eigenen Partien befassen. Das Studium fremder Werke aus Vergangenheit und Gegenwart ist ebenfalls notwendig. Wir meinen damit lehrreiche Meisterpartien, typische und originelle Kombinationen sowie charakteristische Spielpläne. Auch die Aneignung der Grundlagen der Eröffnungs- und Endspieltheorie gehört dazu.

Alles das findet man in den herkömmlichen Schachlehrbüchern. Wenn Sie die darin enthaltenen Partien nachspielen, prägen sich Ihnen diese ein, und Sie werden in ähnlichen Situationen bestrebt sein, den Vorbildern zu folgen. In welchem Maße Sie sich allerdings diese fremden Darlegungen zu eigen machen, ist schwer einzuschätzen, weil zwischen dem Autor des Lehrbuches und dem Leser kein unmittelbarer Kontakt besteht und eine Überprüfung nach der Durcharbeitung des Lehrstoffes gewöhnlich nicht vorgesehen ist. Aber läßt sich ein fremdes Werk nicht auch in einer Situation studieren, die dem praktischen Spiel nahekommt? Durchaus. Diesem Zweck dient die gegenwärtig immer beliebter werdende Methode des selbständigen Lösens von Übungsaufgaben.

Eine solche Sammlung von Übungsaufgaben haben Sie in der Hand. Sie soll Ihr Schachlehrer und Trainingspartner sein. Wenn Sie die Stellungen gut überdacht und den Meistern und Großmeistern entsprechende Lösungsvorschläge „unterbreitet" haben (natürlich finden Sie auch hervorragende Kombinationen von weniger bekannten Schachspielern), können Sie sich leicht selbst kontrollieren. Die im zweiten Teil des Buches gegebenen Lösungen gestatten Ihnen zu vergleichen, wie gut Sie die Aufgaben gemeistert haben.

Die Beschäftigung mit den Aufgaben wird Ihren schachlichen Gesichtskreis erweitern, Ihre kombinatorischen Fähigkeiten entwickeln und Ihnen gleichzeitig Vergnügen bereiten. Es heißt, ein guter Lehrmeister sei das Gesehene, aber ein noch besserer ist das Erlebte. Die selbständig vollführten taktischen Operationen prägen sich Ihrem Gedächtnis viel fester ein, als wenn Sie sich dasselbe Material nach einem herkömmlichen Lehrbuch aneignen würden.

In allen Diagrammstellungen ist der Augenblick vor dem entscheidenden Wendepunkt der Ereignisse festgehalten. Weil das Gedächtnis besonders auf Emotionen anspricht, prägt sich ihm am nachhaltigsten das ein, was von Gefühlsbewegungen begleitet wird. Deshalb wurden Aufgaben ausgewählt, deren Lösungen effektvoll oder zumindest ungewöhnlich sind. Diese Methode der „Sensationen" (ein Ausdruck von Nimzowitsch) wird die Aneignung des Lehrmaterials begünstigen. Den Aufgaben, die thematisch geordnet sind, ist jeweils ein kurzer theoretischer Teil vorangestellt. Darin wird zunächst eine Begriffsbestimmung geboten, und anschließend werden mehrere charakteristische Beispiele demonstriert. Im größten Abschnitt, dem „Examen" mit 166 Aufgaben von insgesamt 357 des Buches, wird das Thema der taktischen Operationen nicht mehr genannt.

Der Leser, der bei den Übungsaufgaben der vorhergehenden Abschnitte vielfältige Erfahrungen sammeln konnte, soll im „Examen" völlig selbständig die Lösungen zu finden suchen.

Die Namen der Schachkontrahenten und weitere Quellenangaben sind bei den Antworten vermerkt.

Hier noch ein kleiner methodischer Hinweis oder besser ein Wunsch. Weil wir den Lernprozeß eng an das praktische Spiel anlehnen möchten, sollten Sie nach Aufstellung der Figuren die Aufgabe zunächst ohne Bewegen der Steine zu lösen versuchen. Beginnen Sie erst dann mit der manuellen Analyse, wenn Sie sicher sind, das Beispiel nicht anders bewältigen zu können.

Es wird auffallen, daß bei weitem nicht alle berühmten Großmeister mit ihren Schöpfungen vertreten sind. Darauf zielt dieses Buch nicht ab – es soll keine Sammlung von Kombinationen hervorragender Großmeister sein, sondern vielmehr eine Sammlung von Übungen. Deshalb wurden die Beispiele nach dem Gesichtspunkt ausgewählt, wie lehrreich sie für die taktische Schulung und die Vertiefung des Schachverständnisses sind. So finden sich neben Stellungen aus Partien berühmter Meister auch Beispiele aus Simultanvorstellungen und weniger bedeutenden Turnieren.

Dieses Buch ist für einen breiten Leserkreis bestimmt, aber auch Meisterspieler werden sich an vielen ihnen unbekannten Stellungsbildern erfreuen können.

Bevor wir zum Übungsteil kommen, wollen wir noch den Begriff Kombination erklären. Als **Kombination** bezeichnet man eine mit einem Opfer verbundene forcierte Variante, die ein positives Ziel verfolgt und eine qualitative Stellungsveränderung bewirkt.

Die Kombination stellt einen qualitativen Sprung, ein plötzliches Freiwerden schlummernder Kräfte dar. Sie klärt die Situation auf dem Brett, bringt echte Werte zum Leuchten und entlarvt scheinbare.

Eine Kombination ist mit dem Moment der Überraschung verbunden und besitzt eine hohe ästhetische Ausstrahlung. Ein Opfer regt unser Empfinden nachhaltig an, wenn am Ende die quantitativ schwächere Partei triumphiert.

Es gibt Kombinationen, die weithin bekannt sind. Sie weisen ähnliche Leitlinien auf und reiften im Verlaufe der Zeit gewissermaßen zu technischen Methoden. Das Schachspiel ist aber derart kompliziert und vielgestaltig, daß die Möglichkeiten für neue, originelle Kombinationen geradezu unerschöpflich sind. Zudem trägt jede Schachstellung einen konkreten Charakter – sie enthält nur ihr eigene Besonderheiten. Und obwohl wir aus den verschiedensten Situationen immer neue Erfahrungen sammeln und uns diese Erfahrungen klüger machen, ist letztlich niemand gegen Fehler gefeit. Davon konnten sich selbst die besten Großmeister der Welt überzeugen.

Die wichtigsten Merkmale einer Kombination seien noch einmal genannt:
1. Es wirken zwei oder mehrere Figuren zusammen.
2. Es wird ein Opfer dargeboten.
3. Die Variante (oder Varianten) ist (sind) zwangsläufig.
4. Die Operation verfolgt ein positives Ziel.

Das generelle Ziel jeder Kombination ist, einen objektiven Vorteil zu erlangen. Andernfalls kann von einer Kombination keine Rede sein. Mit Kombinationen können unterschiedliche konkrete Zielstellungen verfolgt werden: Mattsetzen des gegnerischen Königs, Erringen eines materiellen Vorteils, eine vorteilhafte Stellungsveränderung (z. B. Angriffsverstärkung, Verbesserung des Zusammenspiels der Figuren, Übergang in ein aussichtsreiches Endspiel), Rettung aus einer mißlichen Lage (z. B. durch Dauerschach, Patt, Wiederherstellung des materiellen Gleichgewichts oder Erreichen eines Endspiels, das theoretisch remis ist), Abschwächung des gegnerischen Angriffs, Erleichterung der Verteidigung (durch Verminderung des gegnerischen Stellungsdrucks). Schließlich kann das Ziel einer Kombination auch darin bestehen, dem Gegner Hindernisse bei der Realisierung seines Vorteils in den Weg zu legen.

Kombinationen lassen sich danach einteilen, welche Absicht die kombinierende Partei verfolgt, aber auch nach anderen Gesichtspunkten: z. B. nach dem Material, das geopfert wird (Kombinationen mit Damen-, Turm-, Leichtfiguren-, Qualitäts- oder Bauernopfer); nach den Figuren, die an der Kombination beteiligt sind und dabei die Hauptrolle spielen; nach dem Objekt, gegen das sich die Kombination richtet; und schließlich (die wichtigste Unterscheidung) nach den Ideen, die ihnen zugrunde liegen.

Wir wollen noch zwei weitere Begriffe, die nicht nur von theoretischer, sondern auch von großer praktischer Bedeutung sind, erläutern. Bevor der Schachspieler nach einer Kombination sucht, muß er erst einmal feststellen, ob sich in der vorliegenden Stellung überhaupt Voraussetzungen für eine lohnende Suche befinden. Die Suche wird von den Besonderheiten der Stellung diktiert.

Das **Motiv** einer Kombination ergibt sich somit aus den Besonderheiten der Stellung, die die Richtung des Suchens bestimmen: z. B. beengte Lage des feindlichen Königs, die Figuren für seine Verteidigung stehen abseits, unzureichende oder nur scheinbare Deckung der achten (ersten) Reihe, Felderschwächen in unmittelbarer Nähe des Königs, wirksame Postierung der Läufer auf Diagonalen mit verwundbaren Objekten (sehr oft ist das der König), ungedeckte Stellung versprengter Figuren und die Störung ihres Zusammenspiels, exponierte Stellung der Dame oder Einschränkung ihrer Bewegungsfreiheit, König und Dame oder Schwerfiguren stehen auf einer Linie, Reihe oder Diagonale, Ausnutzung der sogenannten geometrischen Eigenschaften der Figuren (Doppelangriff der Dame, Springergabel, Abzugsangriff usw.). Das Motiv ist nichts anderes als die Ausgangsorientierung.

Aus dem bisher Gesagten ergibt sich, daß man zuerst die Richtung der Suche (das Motiv) erkennt, danach die Suche betreibt, die Kombinationsidee findet und schließlich die konkreten Varianten berechnet.

Das **Thema** (oder die Idee) einer Kombination hängt davon ab, mit welcher Methode diese verwirklicht wird. Es kommen z. B. Ablenkung der Dame von der Verteidigung eines Schlüsselfeldes (Thema oder Idee der Ablenkung) oder Hinlenkung des Turmes in eine Gabel (Thema oder Idee der Hinlenkung) in Betracht. Es gibt eine breite Palette taktischer Verfahren. Auf unserer Reise durch die Zauberwelt der Kombination werden wir auf sie ausführlich eingehen.

Ablenkung

Durch das taktische Verfahren der Ablenkung zwingt man eine Figur oder einen Bauern des Gegners, seinen Platz zu verlassen, um selbst Zutritt zu einem wichtigen Feld (einer Linie) zu erhalten oder einer anderen Figur die Deckung zu nehmen.
Die Ziele der Operation können verschiedenartig sein.

Popow–Jemeljanenko
Fernpartie 1984/85

Schwarz am Zuge

Weiß möchte gern seinen Springer für den c-Bauern opfern, um das Remis zu erzwingen. Nach dem ablenkenden Zug 1. ... ♘b6! mußte er jedoch aufgeben, da der Bauer nicht mehr aufzuhalten ist.

Bywschew–Tolusch
Leningrad 1954

Schwarz am Zuge

Mit dem „stillen" Zug 1. ... ♛a7 wird die weiße Dame von der Deckung des Feldes c3 abgelenkt, wonach die Partie sofort beendet ist; denn die Stellung des weißen Turmes auf g1 erlaubt nicht den Damenwegzug nach b4 oder auf der c-Linie.

11

Hübner–Murei
Suchumi 1972

Weiß am Zuge

In dieser scharfen Stellung hätte Weiß dank seiner starken Läufer gewinnen können: **1.g5! ♗:g5 2.♗d4+ ♗f6 3.♕b8!!** Hübner hatte die mögliche Ablenkung aber nicht erkannt und zog 1.♕f7.

Browne–Haik
Reykjavik 1986

Schwarz am Zuge

Es folgte **1. ... ♖:e1+** (aber nicht 1. ... ♘e2+? wegen 2.♖:e2 ♖:e2 3.♕h6, und

Schwarz wird matt) **2.♖:e1 ♘e2+!**, wonach Weiß die Dame verlor, da der Springer wegen 3. ... ♕b1+ nicht geschlagen werden darf.

In diesem Beispiel hat Schwarz die verborgene Schwäche der weißen Grundreihe trefflich genutzt.

Wenn der König über kein „Luftloch" verfügt (oder es nicht nutzen kann, weil dieses Feld bedroht ist), kann die Ablenkung der Figuren, die die erste (achte) Reihe decken, zur Katastrophe führen.

Mileika–Petkewitsch
Riga 1963

Weiß am Zuge

Das Schlüsselfeld d8 wird von der weißen Dame und ihrem Turm angegriffen, ist aber doppelt gedeckt. Deshalb wäre es wichtig, eine Verteidigungsfigur von diesem Feld abzulenken, was durch **1.♖a7!** erreicht wird. Auf **1. ... ♕b6** (es ist leicht zu erkennen, daß die Dame keine andere Antwort hat) setzt sich der mutige Turm mit **2.♖b7!!** gleich zwei Angriffen aus. Unabhängig davon, wie er nun geschlagen wird, beendet Weiß mit **3.♕d8+** den Kampf. Schwarz gab auf.

zu Gebote, wonach Capablanca das Schwerfigurenendspiel mit zwei Bauern weniger bestreiten müßte (2.♕:a2 ♖:b8; 2.♖:e8 ♖:a8 3. ♖:f8+ ♖:f8; 2.♕b7 c5 3.♕c7 ♖a8 4.♖:a8 ♖:a8 5.♖b7 ♖c8).

Capablanca–Thomas
Hastings 1929/30

Weiß am Zuge

Auf **1.♖:e8 ♕:e8** gewinnt Weiß mit der Ablenkung **2.♕a4!** Die Dame darf von Schwarz nicht geschlagen werden, weil er sonst auf der achten Reihe matt gesetzt wird, während die Gegenablenkung 2. ... ♖c1+ an der einfachen Antwort 3.♔f2 scheitert. Diese nicht allzu schwere taktische Operation hätte geschehen können, wurde aber nicht gespielt. Capablanca spielte das naheliegende 1.♕a8 in der Annahme, daß Schwarz danach aufgeben muß. Und Thomas tat das tatsächlich. Allerdings unnötig; denn ihm stand der ablenkende Schlag 1. ... ♖:a2!

Teschner–Portisch
Monaco 1969

Weiß am Zuge

Weil Schwarz nicht die Dame schlagen darf, entschloß sich der Anziehende zu **1.♖:d5**, um das materielle Gleichgewicht wiederherzustellen. Darauf konnte Portisch die Partie mit der Ablenkung **1. ... ♕f2!!** für sich entscheiden. Jetzt können das Matt auf f1 und der Turm nur durch **2.♘g3** gedeckt werden, wonach aber **2. ... ♕e1+** zum Matt führt. Der ungarische Großmeister sah aber den Gewinnzug 1. ... ♕f2!! nicht, sondern spielte 1. ... ♕a6, was es Weiß gestattete, mit 2.♘g3 die Gefahr auszuschalten und die Begegnung zum Remis zu führen.

13

Nenarokow–Smorodski
Moskau 1924

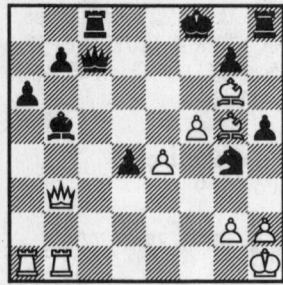

Weiß am Zuge

Die schwarze Dame, die das
Feld f7 schützt, wird von Weiß
mit 1.♗f4 angegriffen. Der
Nachziehende antwortete 1. ...
♛c4 (auf 1. ... ♛d7 gewinnt
2.♗d6+), wurde aber durch
2.♖c1! ♛:b3 3.♗d6+ usw.
matt gesetzt.

Wie würden Sie spielen?

Schwarz am Zuge

Schwarz am Zuge

Weiß am Zuge

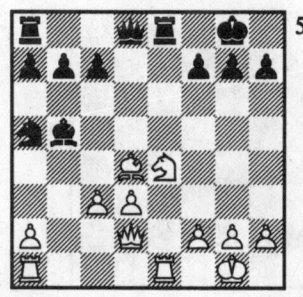

Weiß am Zuge

Schwarz am Zuge

Zu Aufgabe 2:
Mit **1. ⌕b2** bot Weiß den
Tausch der Türme an. Was
würden Sie erwidern?

Weiß am Zuge

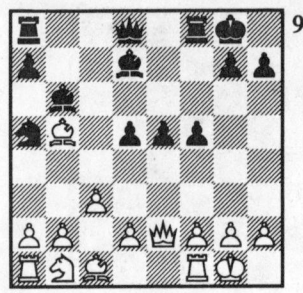

Schwarz am Zuge

Schwarz am Zuge

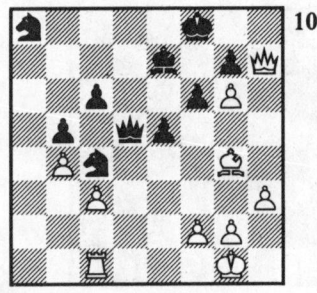

Weiß am Zuge

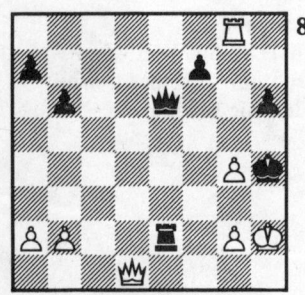

Weiß am Zuge

Zu Aufgabe 9:
Weiß besitzt einen Bauern mehr, ist aber stark in der Entwicklung zurückgeblieben. Schwarz ging deshalb mit **1. ... f4** zum Angriff über. Was folgte auf **2.♗:d7 ♛:d7 3.♛:e5?**

16

11

Weiß am Zuge

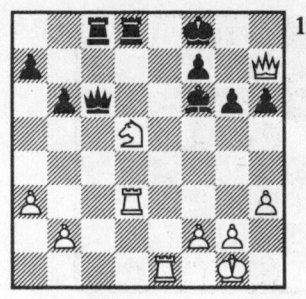

14

Weiß am Zuge

12

Weiß am Zuge

15

Schwarz am Zuge

13

Weiß am Zuge

Zu Aufgabe 11:
Um sich gegen das Matt zu verteidigen, hat Weiß **1.f4** gespielt. Was soll Schwarz darauf antworten?

Weiß am Zuge

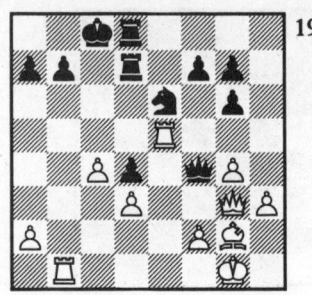

Weiß am Zuge

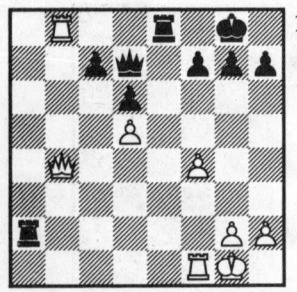

Weiß am Zuge

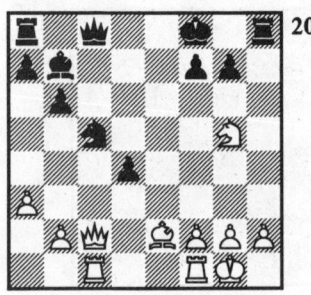

Schwarz am Zuge

Schwarz am Zuge

Zu Aufgabe 18:
Zwecks Angriff hatte Schwarz ein Läuferopfer gebracht und die Bauerndeckung des gegnerischen Königs aufgerissen. Nun könnte er mit 1. ... ♛a1+ und 2. ... ♛:b2 materiell ausgleichen. Oder sehen Sie für Schwarz eine stärkere Fortsetzung?

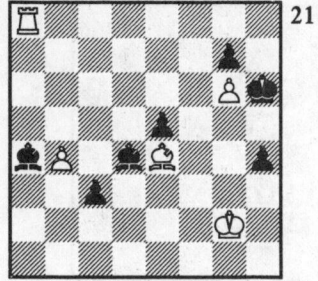

21

Schwarz am Zuge

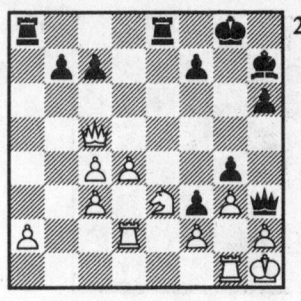

24

Schwarz am Zuge

22

Weiß am Zuge

25

Schwarz am Zuge

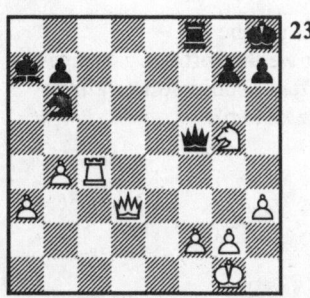

23

Weiß am Zuge

26

Weiß am Zuge

27

Weiß am Zuge

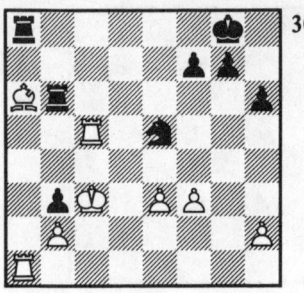

30

Weiß am Zuge

28

Weiß am Zuge

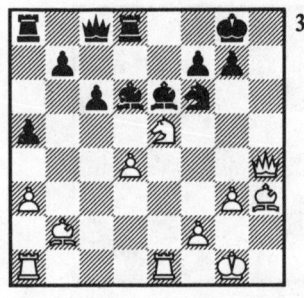

31

Weiß am Zuge

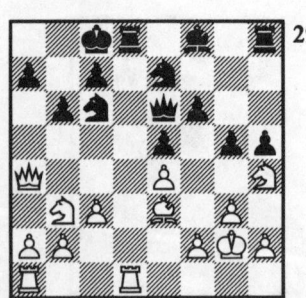

29

Zu Aufgabe 29:
Der weiße Springer ist angegriffen. Wohin soll er am besten ziehen?

Weiß am Zuge

32

Schwarz am Zuge

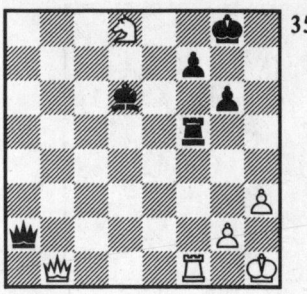

35

Schwarz am Zuge

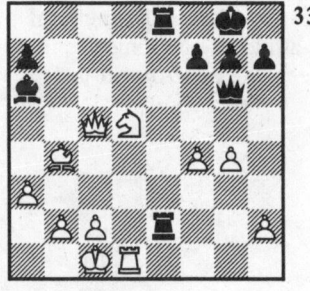

33

Weiß am Zuge

Zu Aufgabe 34:
Schwarz droht Matt auf c2 und greift außerdem den Läufer c8 an. Was kann Weiß unternehmen?

Zu Aufgabe 35:
Weiß hat den Damentausch angeboten. Auch der Turmtausch wäre ihm recht. Wie würden Sie als Nachziehender handeln?

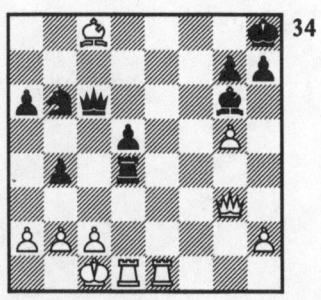

34

Weiß am Zuge

36

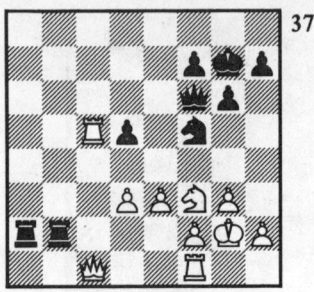

37

Weiß am Zuge

Schwarz am Zuge

Zu Aufgabe 36:
Schwarz hat mit seinem letzten
Zug (♖f6–f7) den Abtausch
der Türme ins Auge gefaßt.
Wie würden Sie antworten?

Zu Aufgabe 37:
Nach einem Bauernopfer ist
Schwarz mit den Türmen auf
die zweite Reihe eingedrungen.
Setzen Sie den Angriff fort.

Hinlenkung

Mit dieser taktischen Methode wird eine gegnerische Figur (oder ein Bauer) veranlaßt, eine ungünstige Stellung zu beziehen; der Stein wird praktisch auf ein bestimmtes Feld gelenkt. Als nachteilig kann sich sowohl die Stellung dieser hingelenkten Figur (des Bauern) als auch anderer Figuren, die mit ihr bislang zusammenspielten, erweisen. Ebenso wie bei der Ablenkung können die Motive für dieses taktische Verfahren unterschiedlich sein. Betrachten wir zunächst eine Hinlenkung, nach der sich die Möglichkeit für ein günstiges Abzugsschach bietet.

Eckart–Tarrasch
Nürnberg 1887

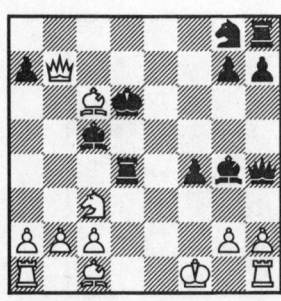

Schwarz am Zuge

Es folgte **1. ... ♛f2+!** **2.♔:f2 ♖d1+**, und Weiß wird im nächsten Zug matt gesetzt. Besonders wirksam ist ein hinlenkendes Opfer, wenn damit das vernichtende Abzugsdoppelschach vorbereitet wird.

S. Andersson–Knutsson
Schweden 1974

Schwarz am Zuge

Die Lösung **1. ... ♛d1+!** **2.♔:d1 ♝g4++** und **3. ... ♖d1 matt** unterstreicht dieses nachhaltige Motiv.

23

Szilagyi–van Steenis
Budapest 1949

Weiß am Zuge

Weiß hat bereits Materialvorteil erlangt und beschließt jetzt auf taktischem Wege den Kampf: **1.♗b4!** (die schwarze Dame wird auf die verhängnisvolle vierte Reihe gelenkt) **1. ... ♛:b4 2.♘:e6+**, und Schwarz gab auf.

Tschechower–Lutikow
Leningrad 1950

Schwarz am Zuge

1. ... ♖:h2+! 2.♔:h2 ♛h6+ 3.♔g1 ♗:d4+, und Weiß gab

auf, da er auch hier die Dame verliert.

Die zwei folgenden Beispiele zeigen die Hinlenkung des Königs in ein Mattnetz ohne Abzugsschach.

Stöckl–Orienter
Wien 1976

Schwarz am Zuge

Nach **1. ... ♛:f3+!** gab Weiß die Partie auf, da er bei **2.♔:f3** durch **2. ... ♗d5+ 3.♔f4 ♗h6** matt gesetzt würde.

Netto–Abente
Paraguay 1983

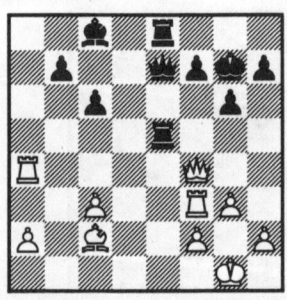

Schwarz am Zuge

Anstelle des prosaischen 1. ...
♗h3 2.♖e3 ♖:e3 3.fe ♕:e3+
4.♕:e3 ♖:e3, womit Schwarz
ein technisch gewonnenes Endspiel erlangen konnte, setzte er
in sechs Zügen matt: 1. ...
♖e1+ 2.♔g2 ♖g1+! 3.♔:g1
♕e1+ 4.♔g2 ♕f1+ 5.♔:f1
♗h3+ nebst Matt im nächsten
Zug.
Und schließlich noch zwei Beispiele, in denen die hinlenken-
den Opfer Springergabeln ermöglichen, die zum entscheidenden Materialgewinn führen.

Ozsvath–Honfi
Budapest 1953

Schwarz am Zuge

Es folgte 1. ... ♕:c1! 2.♕:c1
♖:c3 3.♕e1. Falls 3.♕:c3, so

3. ... ♘e2+, aber auch nach
der Partiefortsetzung entgeht
Weiß der Gabel nicht: 3. ...
♖c1 4.♕:c1 ♘e2+, und
Schwarz besitzt nach 5. ...
♘:c1 eine Mehrfigur.

Ebralidse–Lubenski
Tbilissi 1949

Weiß am Zuge

1.♖:h7+! ♖:h7 2.♖:h7+
♔:h7 3.♕h1+ ♔g7
Das Turmopfer hat bewirkt,
daß der schwarze König nach
g7 ausweichen mußte, da ihm
die h-Linie nicht mehr zugängig ist. Nun folgt erneut eine
Hinlenkung, nach der die
Dame durch eine Springergabel fällt: 4.f6+! ♔:f6
5.♘:d7+.

Wie würden Sie spielen?

38

Weiß am Zuge

41

Schwarz am Zuge

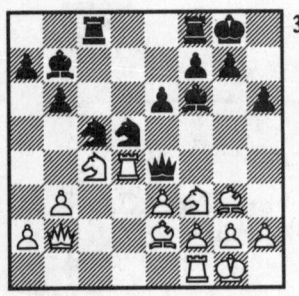

39

Weiß am Zuge

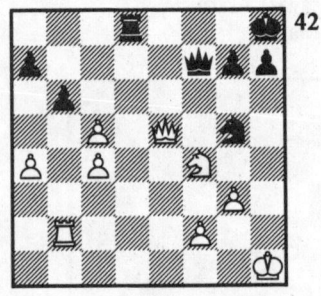

42

Schwarz am Zuge

40

Weiß am Zuge

Zu Aufgabe 39:
Wie würden Sie antworten,
wenn Weiß mit 1.♘fe5 fortsetzt?

Zu Aufgabe 40:
Weiß hat den Damentausch
angeboten. Finden Sie die be-
ste Erwiderung.

43

Weiß am Zuge

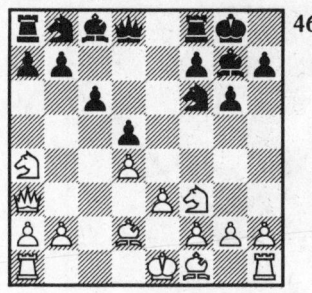

46

Weiß am Zuge

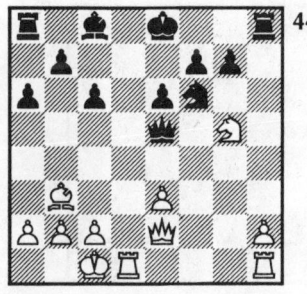

44

Weiß am Zuge

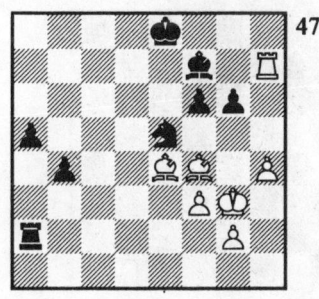

47

Weiß am Zuge

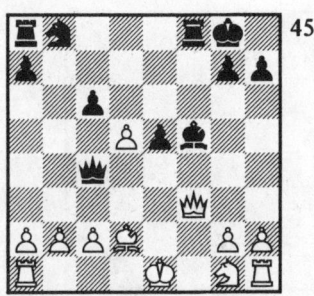

45

Weiß am Zuge

Zu Aufgabe 45:
Der Anziehende spielte **1.♕b3**.
Wie lautet Ihre Antwort?

Schwarz am Zuge

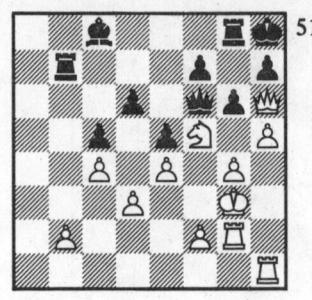

Weiß am Zuge

Weiß am Zuge

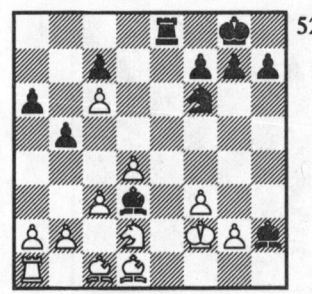

Schwarz am Zuge

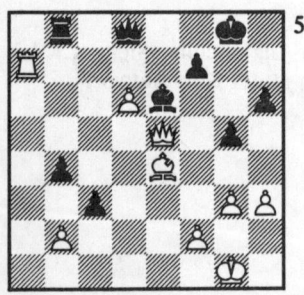

Weiß am Zuge

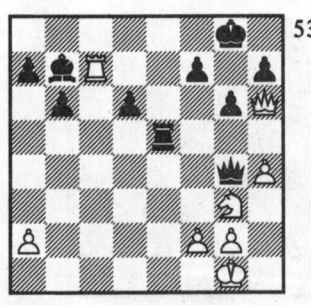

Schwarz am Zuge

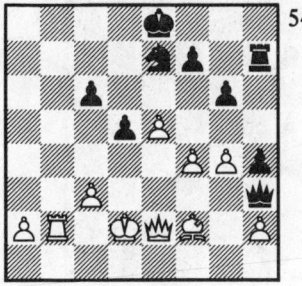

54

Schwarz am Zuge

57

Weiß am Zuge

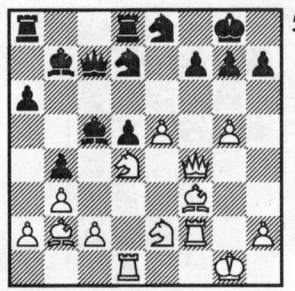

55

Weiß am Zuge

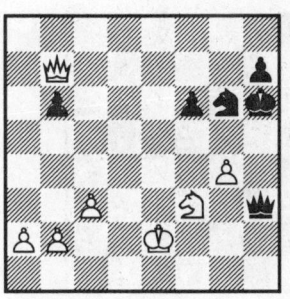

58

Weiß am Zuge

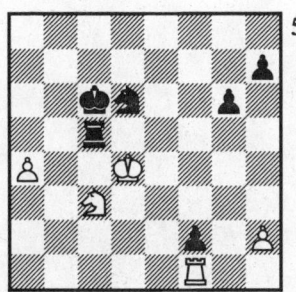

56

Schwarz am Zuge

Zu Aufgabe 54:
Darf Schwarz den Bauern h2
schlagen?

59

Schwarz am Zuge

62

Weiß am Zuge

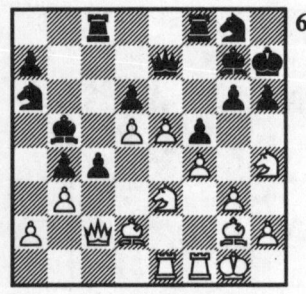

60

Weiß am Zuge

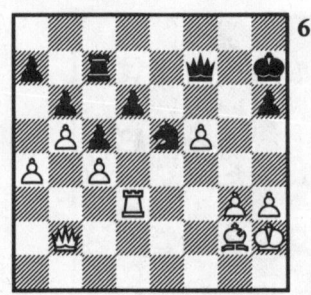

63

Weiß am Zuge

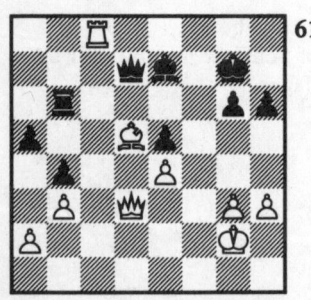

61

Weiß am Zuge

Vernichtung der Verteidigung

Ein feindlicher Stein, der eine wichtige Funktion erfüllt, kann sowohl durch Ablenkung als auch direktes Vernichten beseitigt werden.
Aus ästhetischer Sicht sind Kombinationen zum Thema Vernichtung der Verteidigung weniger effektvoll, weil das Schlagen unbedingt erforderlich ist.

Botwinnik–Alexander
UdSSR–Großbritannien 1946

Weiß am Zuge

Gäbe es den feindlichen Springer auf d4 nicht, so könnte der weiße Springer nach h6 gelangen. Deshalb sollte der Verteidiger des Feldes f5 um jeden Preis vernichtet werden. Weiß spielte deshalb 1.♕:d4! ♕:d4 2.♘f5, wonach er den Gegner

matt setzt oder entscheidendes Materialübergewicht erhält.

Kotow–Unzicker
Stockholm 1952

Weiß am Zuge

1.♘:g7! (Weiß zerstört kurz und bündig die Bauerndeckung des feindlichen Königs) 1. ... ♔:g7 2.♗:h6+ ♔g8 (bzw. 2. ... ♔h8 3.♗g7+ ♔:g7 4.♕:h7+ ♔f8 5.♕h8+ ♔e7 6.♖:f7+ usw.) 3.♖g4+ ♖g6 4.e6!, und Schwarz gab auf.

Hug–N. N.
1974

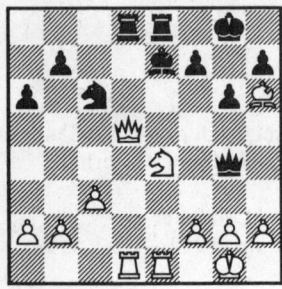

Weiß am Zuge

Sofort zum Gewinn führt
1.♛:d8! Wie Schwarz die
Dame auch schlägt, er wird
durch 2.♞f6+ verlieren.

Lachmann–Müller
Finnland 1934

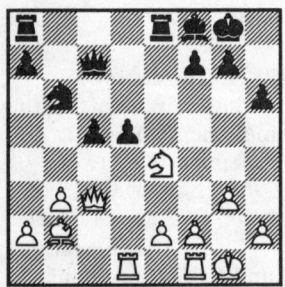

Weiß am Zuge

Mit **1.♞f6+!** reißt Weiß die
feindliche Bauernkette auf und
bringt seine Batterie – ♝b2
und ♛c3 – zur Wirkung: **1. …
gf 2.♛:f6 d4 3.♜:d4 cd
4.♝:d4 ♚h7**

5.g4!
Nur so! Im Falle der sich an-
bietenden Zugfolge 5.♛h8+?
♚g6 6.g4 wartet Schwarz mit
dem Gegenopfer 6. … ♛:h2+!
7.♚:h2 ♝d6+ nebst 8. …
♜:h8 auf und besitzt großen
Materialvorteil.
Nun allerdings (bei 5.g4) droht
6.♛h8+ (6. … ♚g6 7.♛g8+).
Das Matt ist unabwendbar, da
der Läufer wegen 6.♛g7 matt
nicht ziehen darf; und falls
5. … h5, so folgt 6.♛h8+
♚g6 7.♛:h5 matt.

Wie würden Sie spielen?

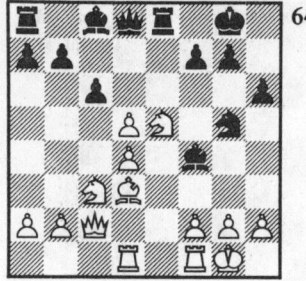

64

Schwarz am Zuge

67

Weiß am Zuge

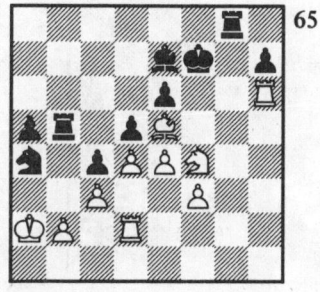

65

Schwarz am Zuge

Zu Aufgabe 67:
Schwarz hat die Dame angegriffen und will im nächsten Zug f7–f5 folgen lassen. Wie muß Weiß den Angriff fortsetzen?

66

Weiß am Zuge

68

Schwarz am Zuge

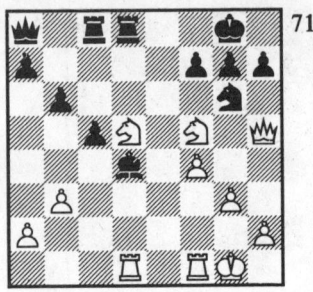

71

Weiß am Zuge

69

Weiß am Zuge

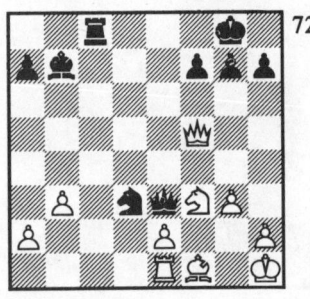

72

Weiß am Zuge

70

Weiß am Zuge

Zu Aufgabe 71:
Bei seinem Läuferschach rechnete Schwarz mit 1.♘:d4 und wollte darauf 1. ... ♖:d5 antworten. Wie würden Sie spielen?

Weiß am Zuge

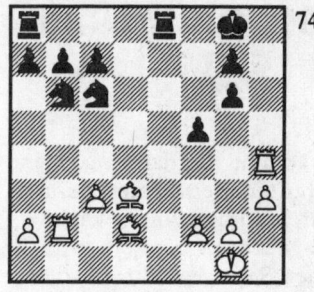

Weiß am Zuge

Räumung eines Feldes oder einer Linie

Es kommt vor, daß eine eigene Figur (oder ein Bauer) bei der Durchführung eines vorteilhaften Manövers oder eines taktischen Schlages stört. In solchen Fällen muß man danach trachten, das Feld zu räumen, das die Figur besetzt hält (bzw. die Linie, die sie verstellt), wobei man auch vor Opfern nicht zurückschrecken darf.
Betrachten wir zuerst die Räumung eines Feldes.

Ivkov–Portisch
Bled 1961

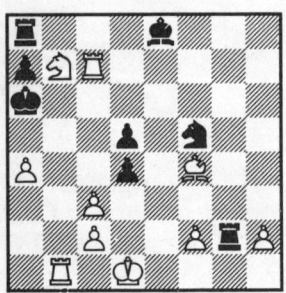

Weiß am Zuge

In dieser problemartigen Stellung setzt Weiß matt, indem er das Feld c7 räumt: 1.♖c6+! ♗:c6 2.♘c5+ ♔a5 3.♗c7 matt.

Hübner–Penrose
England 1971

Weiß am Zuge

1.♖:g6!
Hier räumt Weiß das Feld c6, gewinnt durch eine Gabel den Turm zurück und erhält ein gewonnenes Endspiel (1. ... hg 2.♘c6+, 3.♘:e7 nebst 4.♘:g6). Schwarz kann nicht 1. ... ♖:e5 2.fe hg spielen, weil der Bauer nach 3.e6 nicht mehr aufzuhalten ist.
Jetzt wollen wir drei Beispiele zur Linienräumung betrachten.

Solmanis–Arawin
Jurmala 1981

Weiß am Zuge

Mit **1.♘d6+!** schafft Weiß dem Läufer nach a6 freie Bahn und setzt matt.

Schaschin–Kolewit
Moskau 1974

Weiß am Zuge

Die schwarze Dame darf wegen Matts auf d1 nicht geschlagen werden. Auf 1.♕e2? würde Schwarz 1. ... ♕:e4 antworten.

Und falls 1.h3, so einfach 1. ... ♕:g4 2.hg ♖d1+ 3.♔h2 ♗e7. Weiß kann sich die unsichere schwarze Königsstellung aber mit **1.♗f4!** zunutze machen. Damit liquidiert er die Mattdrohung und schafft gleichzeitig selbst entscheidende Drohungen – Matt (2.♖c1+) und Schlagen der Dame.
Schwarz deckte die Dame mit **1. ... ♖d5** und räumte damit seinem König das Feld d8, wonach der Anziehende **2.♖c1+ ♔d8 3.♗g5+ ♔e7** zog und seine Spielführung mit dem eleganten Zug **4.♘d6!** krönte.

Zinn–Sweschnikow
Děčin 1974

Schwarz am Zuge

Es folgte **1. ... ♖f7!**, und Weiß streckte die Waffen. Auf 2.♕:f7 und jeden anderen Zug der Dame spielt Schwarz 2. ... ♗d4+ und setzt danach mit 3. ... ♕:g2 matt.

Wie würden Sie spielen?

75

Schwarz am Zuge

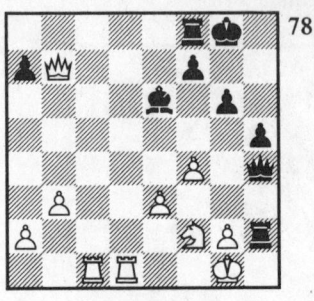

78

Weiß am Zuge

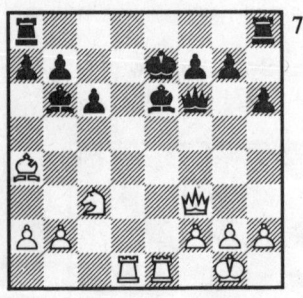

76

Weiß am Zuge

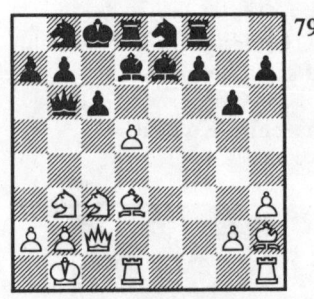

79

Weiß am Zuge

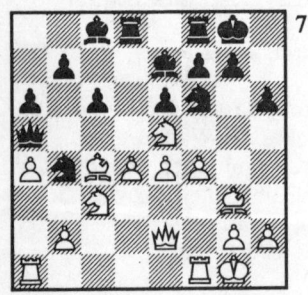

77

Weiß am Zuge

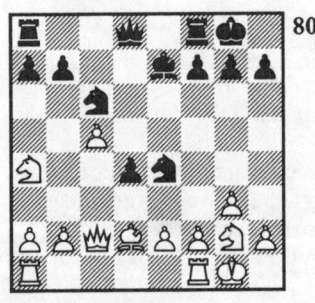

80

Schwarz am Zuge

38

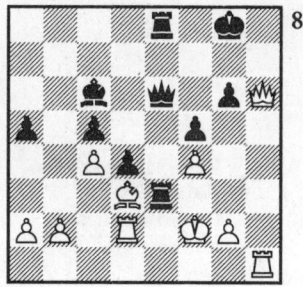

Schwarz am Zuge

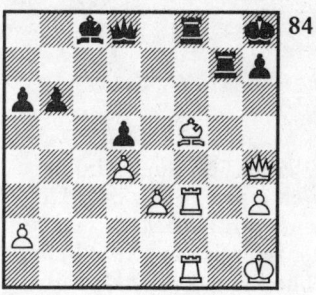

Weiß am Zuge

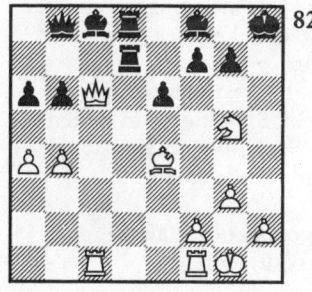

Weiß am Zuge

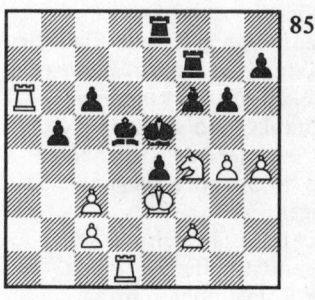

Weiß am Zuge

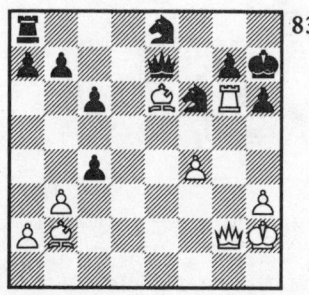

Weiß am Zuge

Zu Aufgabe 77:
Schwarz beantwortete **1.f5** mit **1. ... ef**. Wie würden Sie mit den weißen Steinen fortsetzen?

Zu Aufgabe 84:
Mit seinem letzten Zug hat Schwarz den Damentausch angeboten. Was kann Weiß tun?

Fesselung

Bei einer Fesselung wird der durch Dame, Turm oder Läufer angegriffene Stein ganz oder teilweise in seiner Beweglichkeit eingeschränkt, weil sich das Angriffsobjekt vor einer wertvolleren oder ungedeckten Figur auf derselben Linie, Reihe oder Diagonale befindet.

Wenn eine gefesselte Figur den König deckt, ist ihre Beweglichkeit am stärksten eingeschränkt, und sie kann sich nur auf der angegriffenen Linie, Reihe oder Diagonale bewegen.

Das folgende Beispiel veranschaulicht eine Fesselung, die zur Katastrophe führt.

Aber nicht durch jede Fesselung kann Materialvorteil erreicht werden. So kann sich bei der Fesselung eines Springers durch den Läufer die Zahl der Angriffe auf diese gefesselte Figur mit deren Verteidigungen die Waage halten, und wir können in diesem Falle nur von einer eingeschränkten Beweglichkeit der gefesselten Figur sprechen.

Uns interessieren jedoch nur solche Stellungen, in denen die Fesselung eine entscheidende Rolle spielt.

Ragosin—Boleslawski
Moskau 1945

Weiß gewinnt, indem er den Turm mit **1.♗c3** fesselt und ihn danach noch einmal angreift (1. ... ♔f6 2.f4).

Schwarz am Zuge

Schwarz kann den Bauern mit 1. ... ♖b8 oder 1. ... ♔f7 stoppen. Aus allgemeinen Erwägungen entschied sich Boleslawski für **1. ... ♔f7** (der König greift den Bauern an, kontrolliert das Umwandlungsfeld, und der Turm wird für andere, aktive Aufgaben zur Verfügung behalten). Auf **2.e8♕+! ♔:e8 3.♗a4** mußte Schwarz jedoch aufgeben, weil sein Turm durch die Fesselung fällt.

Samkow–Jablonski
Riga 1978

Weiß am Zuge

Durch **1.♕c4!** fesselte Weiß Turm und Läufer. Schwarz erleidet Materialverlust, weil er gegen eine der Drohungen keine Verteidigung hat: entweder ♖e1–d1 (falls der König nicht zieht) oder ♖e1–c1, wenn er beispielsweise 1. ... ♔f8 vorzieht. Falls 1. ... ♔f7, so ist 2.♖c1 (2. ... ♕e6 3.♗:c5 ♖d1+ 4.♔g2) oder auch 2.♖d1 ♔e6 3.♖:d5 ♕:d5 4.♕:c5 möglich.

Nimzowitsch–Rubinstein
Berlin 1928

Weiß am Zuge

Weiß spielte **1.♕g6!**, ungeachtet dessen, daß sein Turm angegriffen bleibt und sogar mit Schach geschlagen werden kann. Der Bauer g7 ist gefesselt, und es droht folglich ♕:h6 matt. Schwarz gab die Partie auf, weil 1. ... ♖:d1+ mit 2.♔g2 ♖d2+ 3.♔h3 beantwortet wird.

Die einzige Möglichkeit den Punkt h6 zu decken, besteht darin, anstelle von 2. ... ♖d2+ das etwas bessere 2. ... ♖g1+ zu spielen, um danach den Läufer mit Tempogewinn nach e3 zu bringen. Dann bleibt nach 3.♔:g1 ♗c5+ 4.♔g2 ♗e3 aber der Punkt g7 ungedeckt.

Schauen wir uns jetzt ein Beispiel einer sogenannten Doppel- oder Kreuzfesselung an, bei der die Figur in zwei Richtungen gebunden wird.

41

Bykow–Sinowjew
Odessa 1983

Schwarz am Zuge

Weiß gab nach dem völlig überraschenden Zug **1. ... ♖c3!** die Partie auf, weil er keinen der beiden Türme schlagen darf (2. ♖:c3 ♖:e2; 2. ♖:a2 ♖:c1+ und 3. ... ♕h1 matt). Weiß besitzt auch keine andere Ausrede, da der Turm c2 dreimal angegriffen ist.

Wenn die gefesselte Figur nicht den König, sondern eine andere Figur deckt, sollte die Möglichkeit eines Opfers im Auge behalten werden.

Horwitz–Bledow
Berlin 1837

Schwarz am Zuge

In der vorliegenden Stellung folgte **1. ... ♘:e4! 2. ♗:e7 ♗:f2+ 3. ♔f1 ♘g3 matt.**

Wie würden Sie spielen?

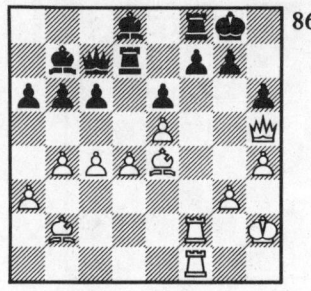

86

Weiß am Zuge

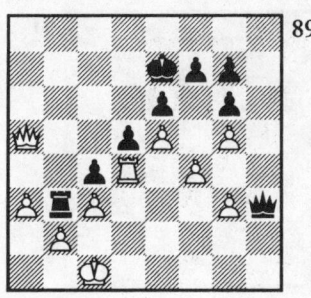

89

Weiß am Zuge

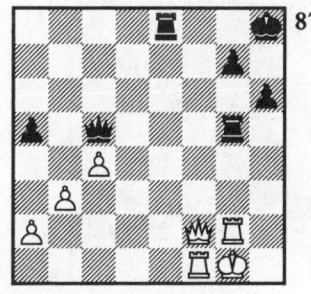

87

Schwarz am Zuge

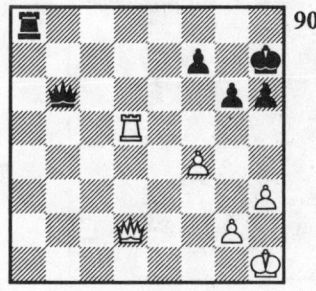

90

Schwarz am Zuge

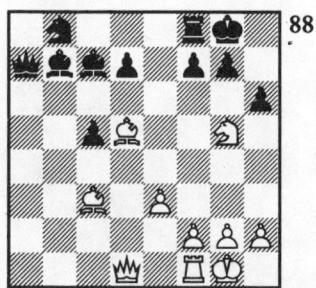

88

Weiß am Zuge

Zu Aufgabe 88:
Mit seinem letzten Zug
möchte Schwarz den Springer
vertreiben. Muß der Springer
diesem Wunsch entsprechen?

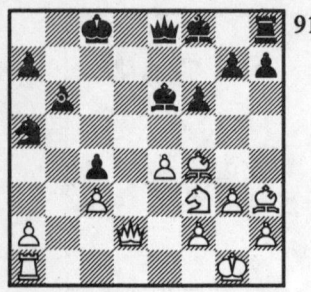

91

Weiß am Zuge

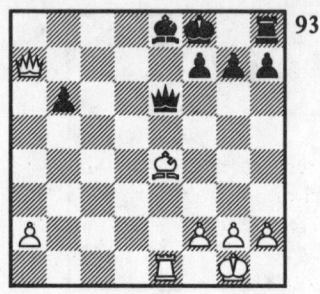

93

Weiß am Zuge

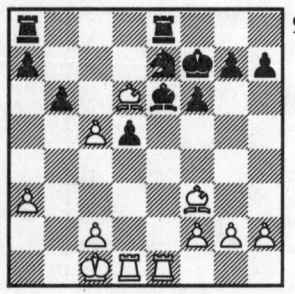

92

Weiß am Zuge

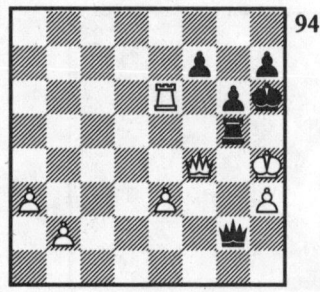

94

Schwarz am Zuge

Unterbrechung

Durch diese taktische Methode wird die Verbindung zwischen den gegnerischen Figuren, die auf derselben Linie stehen, unterbrochen.

Perenyi–Brandics
Budapest 1985

Weiß am Zuge

Der schwarze g-Bauer steht bereit, sich in eine Dame zu verwandeln. Weiß kann mit 1.♔g6 keine Mattdrohung aufstellen, weil sich der Bauer dann auf der ersten Reihe mit Schach verwandelt. Der Königszug wird aber möglich, wenn der Läufer durch sein Opfer die g-Linie unterbricht: **1.♗g5!!** Jetzt folgt auf 1. ... fg

der Gewinnzug 2.♔g6, und falls 1. ... g1♛, so 2.♗:f6+ und 3.h7+. Schwarz gab deshalb auf.

Sämisch–Ahues
Hamburg 1946

Weiß am Zuge

Um Schwarz in dieser Stellung den Todesstoß f5–f6 zu versetzen (sofort 1.f6 scheitert an 1. ... ♛c5+, weil Schwarz die Damen tauscht), unterbrach Weiß mit dem Turmopfer **1.♖e5!!** die fünfte Reihe (auf 1. ... ♗:e5 2.f6 ist der Damentausch vereitelt) und zugleich die Diagonale des Läufers c3 (1. ... de 2.♛g7 matt).
Schwarz gab auf.

Wie würden Sie spielen?

95

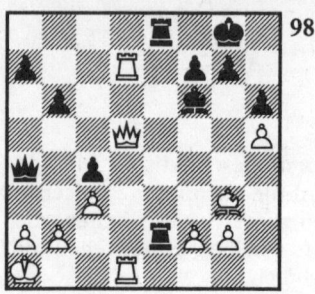

98

Weiß am Zuge

Schwarz am Zuge

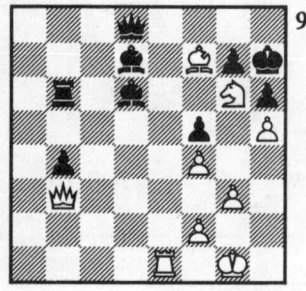

96

Zu Aufgabe 98:
Es bieten sich zwei Angriffs-
fortsetzungen an: 1. ... ♛c2
und 1. ... ♝:c3. Für welche
würden Sie sich entscheiden?

Weiß am Zuge

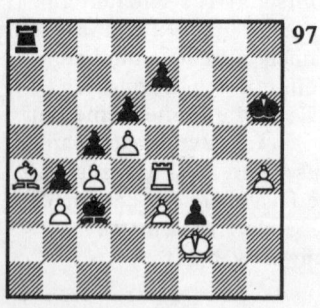

97

Schwarz am Zuge

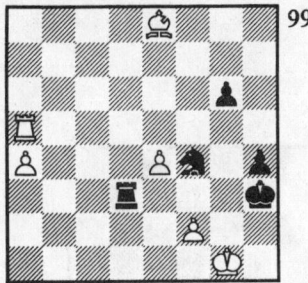

99

Weiß am Zuge

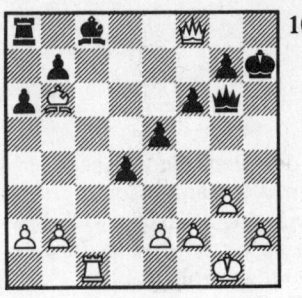

100

Schwarz am Zuge

Blockade

Bei der Blockade zwingt (oder veranlaßt) man eine gegnerische Figur, ein lebenswichtiges Feld zu verstellen, das für eine andere, wertvollere Figur (sehr oft für den König) notwendig ist. So stellt sich der Gegner eigene Kräfte als Hindernisse in den Weg.

Kwilecki–Reslinski
Poznań 1953

Weiß am Zuge

Es folgte **1.♖e7 ♜d7 2.♕e5+ ♚f8**

Nun gewann Weiß mit **3.♕f6!** die Dame, weil sich der Nachziehende nur mit 1. ... ♕e8 gegen das Matt verteidigen kann. Wenn Schwarz hingegen den Turm schlägt, versperrt er seinem König den Fluchtweg und wird auf h8 matt gesetzt.

Poljanski–Gertschikow
Archangelsk 1949

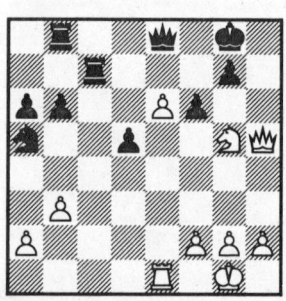

Weiß am Zuge

48

Wie kann dem schwarzen König die Flucht vereitelt werden? Um das zu erreichen, muß eine gegnerische Figur das Feld e7 blockieren: 1.♕h7+ ♔f8 2.e7+! ♖:e7 3.♕h8 matt.

Diese Diagrammstellung ist dem berühmten Werk von Lucena (Ende des 15. Jahrhunderts) entnommen. Forcierte Dame-Springer-Manöver schaffen zunächst die Voraussetzung für das entscheidende Opfer: 1.♕e6+ ♔h8 2.♘f7+ ♔g8 3.♘h6++ ♔h8. Schließlich wird der von den eigenen Figuren nach 4.♕g8+!! ♖:g8 eingepferchte König mit 5.♘f7 matt „erstickt". Diese Kombination ist längst allgemein bekannt.

Kandolin–Ojanen
Helsinki 1962

Schwarz am Zuge

Schwarz spielte 1. ... ♘g4. Diesen Zug nahm Weiß als Angebot zum Läufertausch auf und antwortete 2.♗:e7. In Wirklichkeit war der Springerzug nur die Einleitung zu der soeben betrachteten Kombination. Es folgte 2. ... ♕b6!! Um sich gegen die schreckliche Drohung 3. ... ♘e2++ und 4. ... ♘f2 matt zu verteidigen, erwiderte Weiß 3.♔h1. Schwarz verwirklichte nun jedoch durch Zugumstellung seine Idee: 3. ... ♘f2+ 4.♔g1 ♘e2+! 5.♗:e2 (bei 5.♖:e2 folgt auch 5. ... ♘h3++ nebst 6. ... ♕g1 matt) 5. ... ♘h3++ 6.♔h1 ♕g1+ 7.♖:g1 ♘f2 matt.

Wie würden Sie spielen?

101

Weiß am Zuge

104

Weiß am Zuge

102

Weiß am Zuge

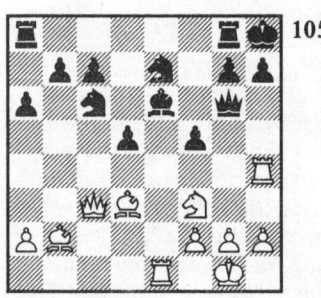

105

Weiß am Zuge

103

Weiß am Zuge

106

Schwarz am Zuge

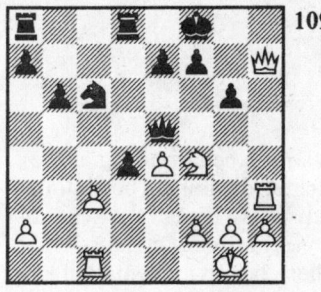

109

Weiß am Zuge

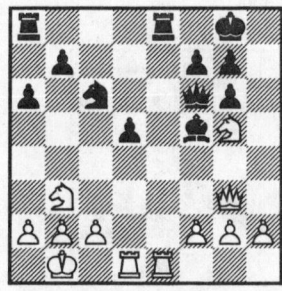

107

Schwarz am Zuge

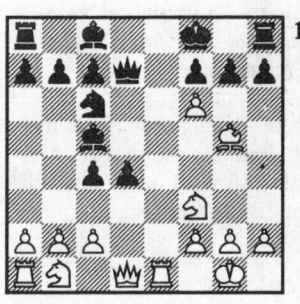

110

Weiß am Zuge

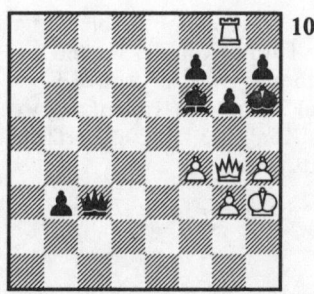

108

Zu Aufgabe 106:
Schwarz hatte in das Remis eingewilligt, weil er glaubte, nicht mehr als Dauerschach (1. ... 🩜g4+ 2.♔h2 🩜h4+) erreichen zu können. Ist das wirklich so?

Weiß am Zuge

Verknüpfung taktischer Methoden

Bislang haben wir Beispiele betrachtet, die nur **ein** bestimmtes taktisches Thema veranschaulichen. Taktische Operationen beruhen aber oft nicht nur auf einem Motiv, sondern auf zwei oder sogar mehreren Ideen. Wie der Leser sah, ging das Verfahren der Blockade gewöhnlich mit einem Hinlenkungsopfer einher, und in vielen Fällen fand zudem noch die Idee der Fesselung Anwendung.

Jetzt beschäftigen wir uns mit Beispielen, in denen zwei verhältnismäßig oft anzutreffende Ideen zusammenwirken.

Ablenkung und Hinlenkung

Smejkal–Adorjan
Vrnjačka Banja 1972

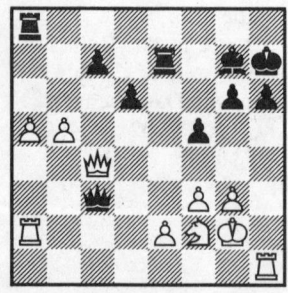

Weiß am Zuge

Weiß beantwortete das Damentauschangebot mit 1. ☐:h6+!, wonach sich Schwarz geschlagen bekennen mußte. Falls 1. … ♗:h6, so 2.♛:c3, und auf 1. … ♚:h6 folgt 2.♛h4 matt.

Nikonow–Chardin
Kirow 1981

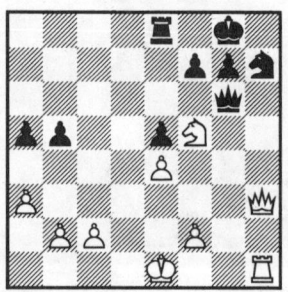

Weiß am Zuge

Es folgte 1.♘e7+! (Ablenkung des Turmes von der letzten Reihe) 1. … ☐:e7 2.♛c8+ ♘f8 3.♛:f8+! (Hinlenkung des Königs) 3. … ♚:f8 4.☐h8 matt.

Polejes–Kremenezki
Moskau 1973

Schwarz am Zuge

1. ... ♛:b2+! (dieser Ablenkung folgt ein Abzugsschach)
2.♔:b2 ♞d3++ 3.♔a3
Oder 3.♔b3 (3.♔b1 ♜ab8+ nebst matt) 3. ... ♜eb8+
4.♔a4 (4.♔c4 ♞b2 matt)
4. ... ♜b4+ 5.♔a3 ♝b2 matt.
3. ... ♝b2+ 4.♔a4

4. ... ♜:e4+! (Ablenkung der Dame – 5.♛:e4 ♞c5 matt)
5.c4 ♜:c4+ 6.♔b3 ♜c3+
7.♔a4 ♜a3 matt.

Ablenkung und Räumung eines Feldes

Georgadse–Kuindshi
Tbilissi 1973

Schwarz am Zuge

Weiß wird in drei Zügen matt gesetzt: 1. ... ♛f2+! (Ablenkung der Dame, die den Turm g5 fesselt) 2.♛:f2 ♜h5+! (Räumung des Feldes g5)
3.♝:h5 g5 matt.

Ablenkung und Fesselung

Pidoritsch–Tschernoussow
Tjumen 1981

Weiß am Zuge

1. ♖c7!! ♗:c7 (1. ... ♕:c7
2.♗:d5+, gefolgt von 3.♗:a8)
2.♕e4!, und Schwarz gab auf.

Ablenkung und Unterbrechung

Sämisch–Reimann
Bremen 1927

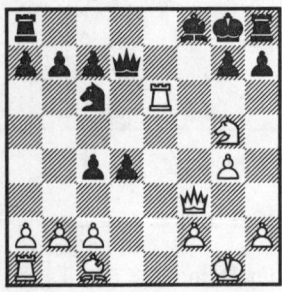

Weiß am Zuge

Mit **1.♖e7!** stellte Weiß seinen
Turm unter mehrere Schlag-
möglichkeiten, doch Schwarz
mußte die Partie aufgeben. Auf
1. ... ♕:e7 folgt 2.♕d5+, und
bei 1. ... ♗:e7 oder 1. ...
♘:e7 setzt Weiß mit 2.♕f7
matt.

Hinlenkung und Räumung einer Linie

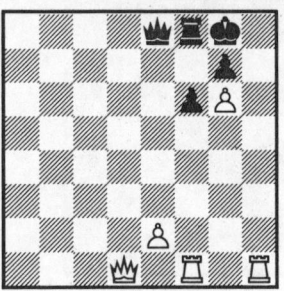

Matt in 5 Zügen

Das Diagramm ist nicht fehler-
haft. In dieser Aufgabe, die
der Portugiese Damiano in seiner Abhandlung (1512) an-
führte, fehlt der weiße König
tatsächlich. Das Matt kann
hier nicht auf eine, sondern
auf zweierlei Art herbeigeführt werden. Damiano ging
es um den Lösungsweg, der in
direkter Beziehung zu unserem Thema steht: **1.♖h8+!**
♔:h8 2.♖h1+ ♔g8 3.♖h8+!
♔:h8
Weiß hat zunächst die Grundreihe geräumt, indem er die
Türme opferte. Dadurch ist der
schwarze König nach h8 gelenkt worden.
4.♕h1+ ♔g8 5.♕h7 matt.
Der andere Mattweg wird mit
1.♕d5+ eingeleitet. Um den
modernen Forderungen an ein
Problem zu entsprechen und
diese Nebenlösung auszuschalten, kann man den weißen König auf d5 postieren.

Hier ein ähnliches Beispiel aus der Praxis.

Mannheim–Regensburg
Fernpartie 1911/12

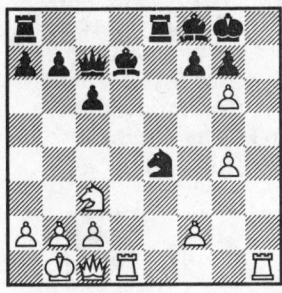

Weiß am Zuge

1.♖h8+ ♔:h8 2.♖h1+ ♔g8
3.♖h8+ ♔:h8 4.♕h1+ ♔g8
5.♕h7 matt.

hg+ ändert nichts) **3. ...**
♘:g3+ **4.hg hg+ 5.♔g1**
♖h1+ (ein bekannter Mechanismus) **6.♔:h1 ♖h8+ 7.♔g1**
♗c5+ (so wird Damianos Muster ein wenig komplizierter)
8.bc ♖h1+ 9.♔:h1 ♕h8+
10.♔g1 ♕h2 matt.
In einigen Veröffentlichungen wird diese Kombination einer 1948 in London gespielten Partie zugeschrieben. Es darf jedoch vermutet werden, daß dieses Finale (und gute Lehrbeispiel) komponiert wurde.

Unterbrechung und Hinlenkung

Gurewitsch–Kusowkin
Baku 1978

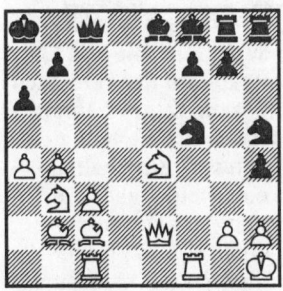

Schwarz am Zuge

Mit dem einleitenden Läuferopfer **1. ...** ♗b5! schreitet Schwarz zur Räumung der achten Reihe, die eine Figurenüberbesetzung aufweist.
2.ab ♘hg3+! (jetzt wird die h-Linie geräumt) **3.**♘:g3 (3.hg

Weiß am Zuge

Mit **1.**♖1b4!! unterbrach Weiß die vierte Reihe und zwang Schwarz zur Hergabe der Dame. Auf 1. ... ab folgt
2.♕h6+ (Hinlenkung) **2. ...**
♔:h6 **3.**♗f8+ ♔h5 **4.**♗e2 matt.

55

Wie leicht zu erkennen ist, wäre diese Kombination ohne das taktische Verfahren der Unterbrechung nicht möglich gewesen, da Schwarz auf ♗f1–e2+ die Antwort ♛a4–g4 hätte.

Beseitigung der Verteidigung und Unterbrechung

Fridstein–Kan
Moskau 1940

Weiß am Zuge

Weiß fand eine Möglichkeit, nicht nur den Zug ♖a8–c8 zu vereiteln (wonach sein Druckspiel in der c-Linie geschwächt würde), sondern auch den Angriff auf den Königsflügel zu verlagern: **1.♖c6! ♛a7** (schlägt Schwarz den Turm, verlöre er eine Figur) **2.♖:e6!** (die Dekkung des Bauern g6 wird vernichtet und der Bauernschutz des schwarzen Königs zerstört) **2. ... fe**
Wenn Schwarz das Turmopfer

mit 2. ... ♘c5 ablehnt, vernichtet Weiß ebenfalls den gegnerischen Königsflügel: **3.♖:g6+ fg** (3. ... ♔h7 **4.♖:c5**) **4.♛:g6+ ♔h8 5.♛:h6+ ♔g8 6.♗d3 ♗a6** (6. ... ♘:d3 **7.♖c7**) **7.♗:a6 ♛:a6** (7. ... ♘:a6 **8.♖c6**) **8.♛g5+ ♔h8 9.♖:c5**, und Weiß hat Gewinnstellung. **3.♛:g6+ ♔h8 4.♛:h6+ ♔g8 5.♛g6+ ♔h8**

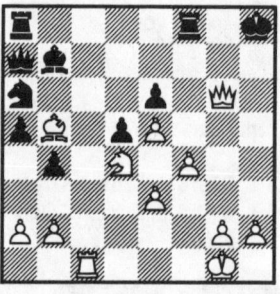

Wenn Weiß nun mit 6.♗d3 fortsetzt, könnte Schwarz nach dem Rückzug seines Läufers die Dame in die Verteidigung des Punktes h7 einschalten. Sofort entscheidet aber die Unterbrechung der siebenten Reihe durch **6.♖c7!** Nach 6. ... ♘:c7 **7.♗d3** kann sich Schwarz gegen das Matt nicht mehr verteidigen.

Fesselung, Hinlenkung und Ablenkung

Chalomejew–Issakow
Simferopol 1947

Weiß am Zuge

Wie kann die Fesselung des Läufers g5 genutzt werden?

1.h4!! (das ist möglich, obwohl Schwarz diesen Bauern schlägt) **1. ... ♖b4+ 2.♔:e5 ♖:h4**

3.f4! (Hinlenkung des Turmes) **3. ... ♖:f4 4.♖:g7+!** (Ablenkung des Königs) **4. ... ♔:g7 5.♖:g5+ nebst 6.♔:f4**, und der Kampf ist entschieden.

Wie würden Sie spielen?

111

Weiß am Zuge

114

Weiß am Zuge

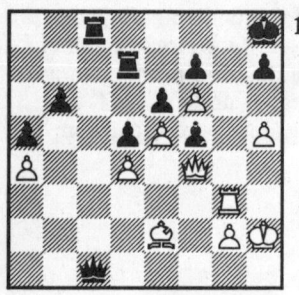

112

Weiß am Zuge

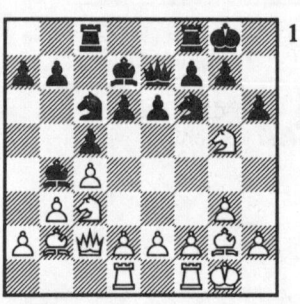

115

Weiß am Zuge

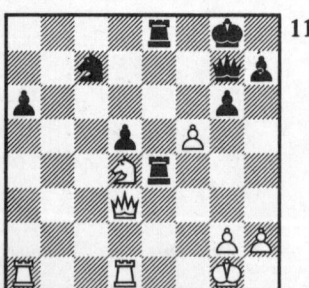

113

Schwarz am Zuge

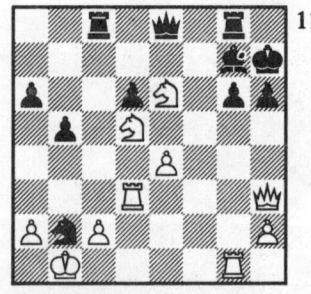

116

Weiß am Zuge

117

Weiß am Zuge

120

Weiß am Zuge

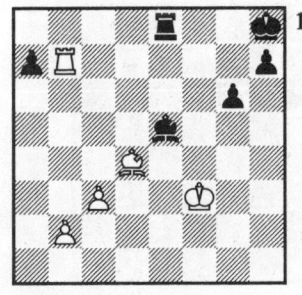

118

Weiß am Zuge

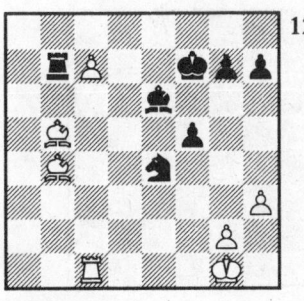

121

Weiß am Zuge

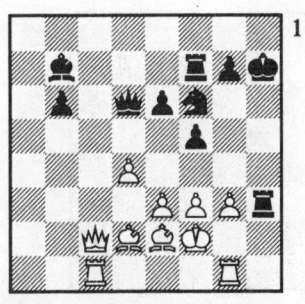

119

Schwarz am Zuge

122

Weiß am Zuge

123

Weiß am Zuge

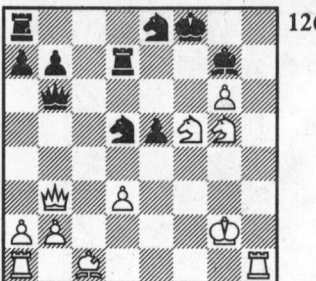

126

Weiß am Zuge

124

Weiß am Zuge

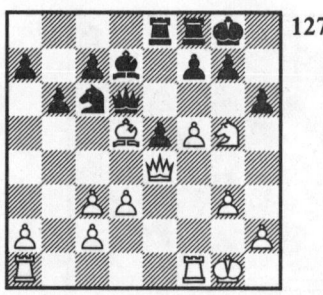

127

Weiß am Zuge

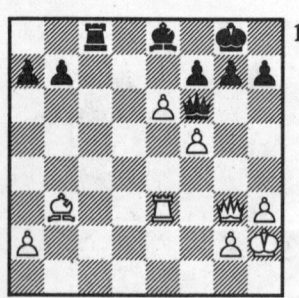

125

Weiß am Zuge

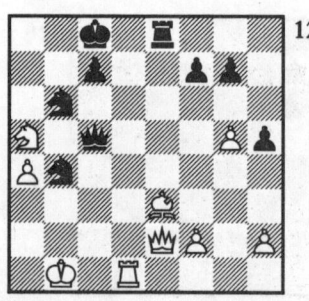

128

Weiß am Zuge

129

Schwarz am Zuge

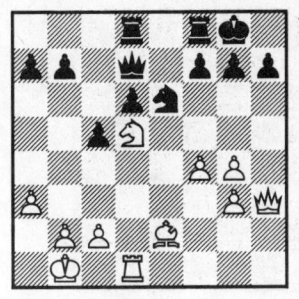

132

Weiß am Zuge

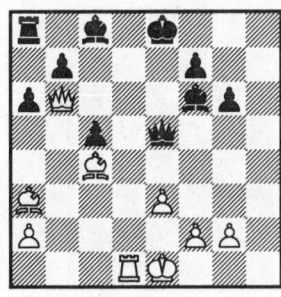

130

Weiß am Zuge

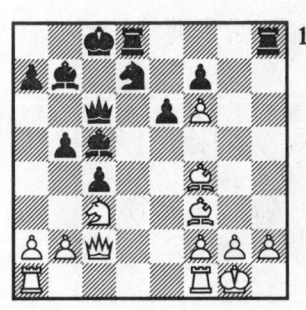

133

Schwarz am Zuge

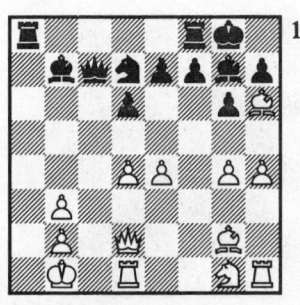

131

Schwarz am Zuge

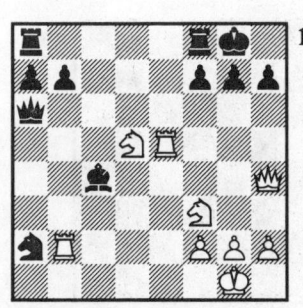

134

Weiß am Zuge

135

Schwarz am Zuge

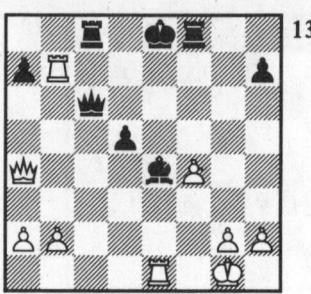

138

Weiß am Zuge

136

Schwarz am Zuge

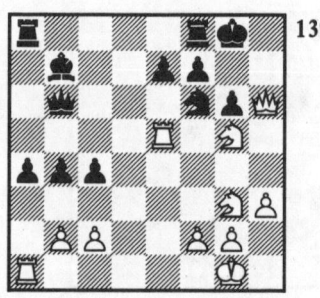

139

Weiß am Zuge

137

Weiß am Zuge

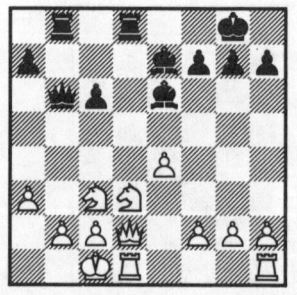

140

Schwarz am Zuge

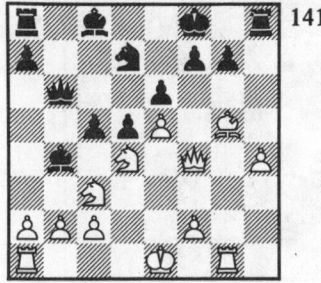
Weiß am Zuge

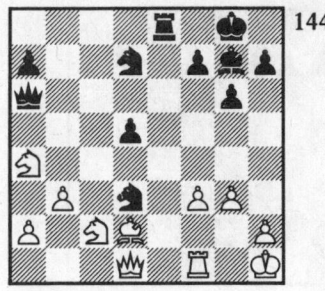
Schwarz am Zuge

Weiß am Zuge

Zu Aufgabe 143:
Schwarz hat die Qualität weniger, kann aber die Partie retten.

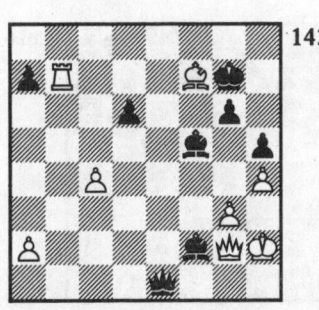
Schwarz am Zuge

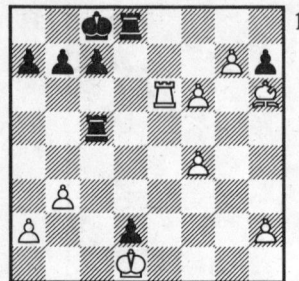

145

Weiß am Zuge

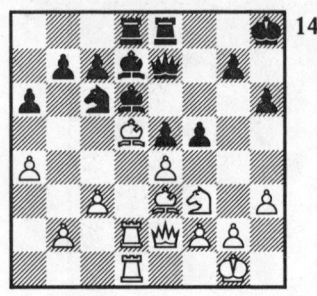

148

Weiß am Zuge

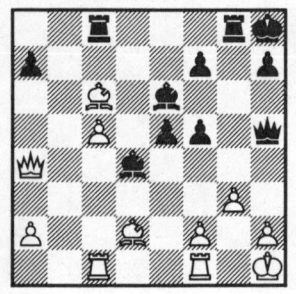

146

Schwarz am Zuge

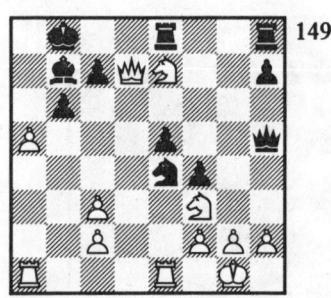

149

Schwarz am Zuge

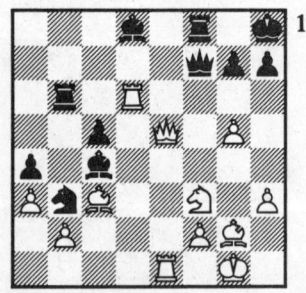

147

Weiß am Zuge

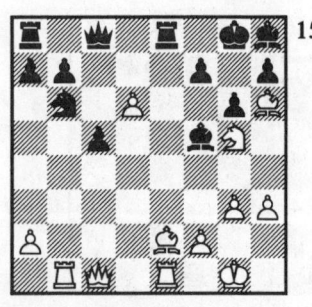

150

Weiß am Zuge

151

Schwarz am Zuge

154

Weiß am Zuge

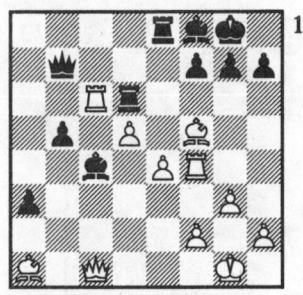

152

Weiß am Zuge

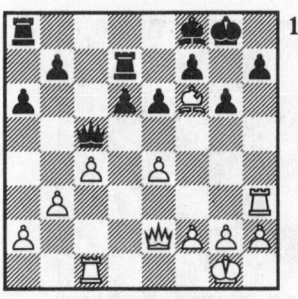

155

Weiß am Zuge

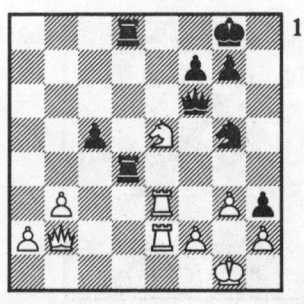

153

Schwarz am Zuge

156

Weiß am Zuge

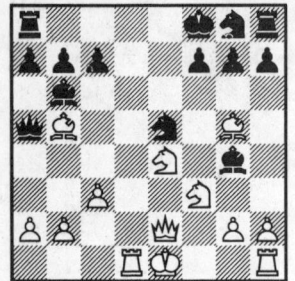

157

Weiß am Zuge

160

Schwarz am Zuge

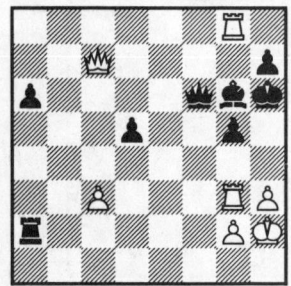

158

Weiß am Zuge

161

Schwarz am Zuge

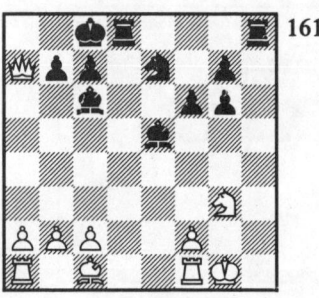

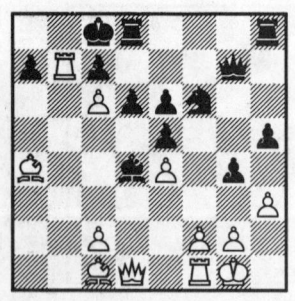

159

Weiß am Zuge

162

Weiß am Zuge

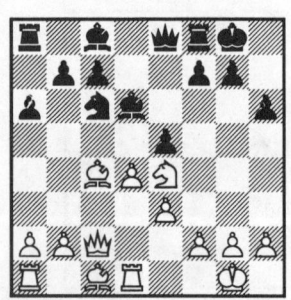

163

Weiß am Zuge

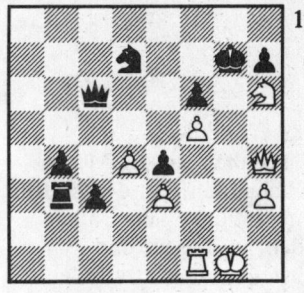

164

Weiß am Zuge

Bauernumwandlung

Bisher haben wir die Methoden behandelt, mit deren Hilfe Kombinationen verwirklicht werden. In diesem und im nächsten Abschnitt wenden wir uns Beispielen zu, die durch ein anderes gemeinsames Merkmal gekennzeichnet sind: durch das gleichartige Endergebnis.

Von Napoleon soll der Ausspruch stammen: „Jeder Soldat trägt den Marschallstab in seinem Tornister." Aber weder unter Napoleon noch den Regenten nach ihm sind die einfachen Soldaten aus ihren Kämpfen zu Marschällen aufgerückt. Unserem bescheidenen Schachbauern winkt jedoch eine solche märchenhafte Rangerhöhung, wenn er das Schlachtfeld unversehrt überquert hat.

Medina–Tal
Mallorca 1979

Schwarz am Zuge

Mit seinem letzten Zug hatte Weiß den Damentausch angeboten. Tal ging darauf mit 1. ... ♛:f3+ 2.♚:f3 gern ein, spielte danach 2. ... ♞e3!, und der h-Bauer ist nicht mehr zu halten. Weiß gab deshalb auf.

Zeipel–Arnegaard
Fernpartie 1902

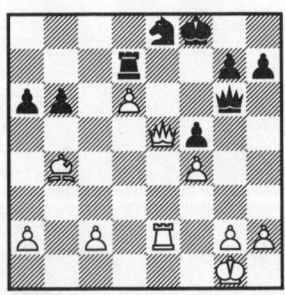

Weiß am Zuge

Es folgte **1.♕e7+! ♖:e7 2.d7!!** Schwarz kann d7–d8♕ nicht mehr verhindern und gab auf.

Morphy–Fuller
New York 1859

Weiß am Zuge

Wenn man das Diagramm betrachtet, erweckt es den Eindruck, als ob der Turm a1 verlorengegangen ist. In Wirklichkeit hat dieser Turm von Anfang an gefehlt: Morphy gewährte ihn als Vorgabe. Im Kampf gewann er dann einen Läufer und ist jetzt nur noch mit einer Qualität im Nachteil. Wie soll der Angriff fortgesetzt werden?
Morphy zog **1.♖g6!! ♕:g6** Falls 1. ... hg, so 2.h7. Auf 1. ... ♕f5 hätte Weiß 2.♘d2 mit der Drohung 3.hg+ geantwortet.

2.♕:g6 hg 3.h7 ♖e1+ 4.♔:e1 ♔e7
Durch die Hergabe des Turmes hat Schwarz das Erscheinen einer neuen Dame verhindern können. Aber nur für einen Augenblick.
Die Unterbrechung der achten Reihe mit **5.♗g8!** sicherte dennoch die Umwandlung des Bauern. Schwarz gab auf.
Zum Abschluß ein Beispiel, in dem der Bauer in einen Springer umgewandelt wird.

Gulko–K. Grigorjan
Vilnius 1971

Weiß am Zuge

Auf **1.♖f8+! ♖:f8 2.♕d5+ ♔h7** wurde Schwarz wie folgt matt gesetzt: **3.ef♘+! ♔h8 4.♘eg6 matt.** Bei 3.ef♕?? hätte Schwarz natürlich mit 3. ... ♕g1 matt gekontert.

Wie würden Sie spielen?

165

Schwarz am Zuge

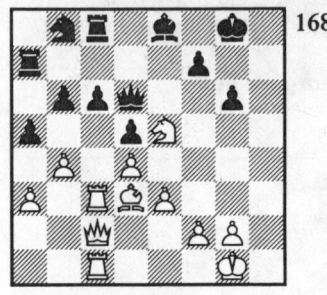

168

Weiß am Zuge

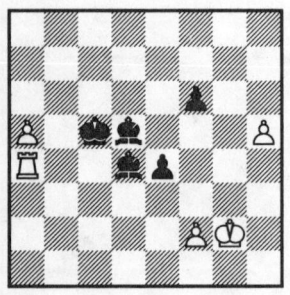

166

Schwarz am Zuge

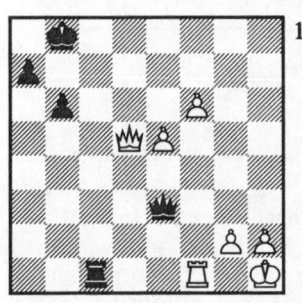

169

Weiß am Zuge

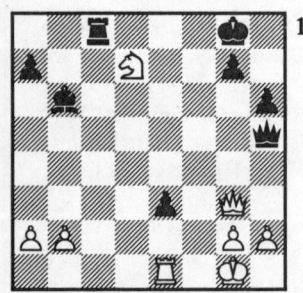

167

Schwarz am Zuge

Zu Aufgabe 168:
Durch **1.b5** machte sich Weiß die Fesselung zunutze und griff den Bauern c6 ein fünftes Mal an. Schätzen Sie die Stellung nach der Antwort **1. ... c5** ein.

Zu Aufgabe 169:
Es geschah **1.♕b5 ♕f4! 2.♔g1 ♕e3+**, und die Partie endete remis. Weiß konnte jedoch gewinnen. Sehen Sie, wie?

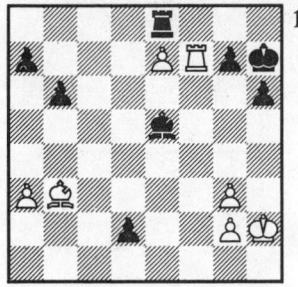

170

Weiß am Zuge

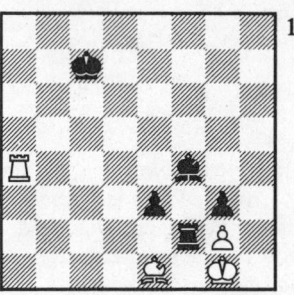

173

Schwarz am Zuge

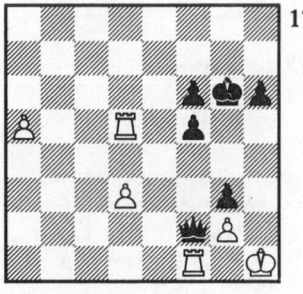

171

Weiß am Zuge

Zu Aufgabe 170:
Nutzen Sie die Kraft des Bauern e7 aus.

Zu Aufgabe 171:
Schwarz hat seine Dame dem Angriff des Turmes ausgesetzt. Was geschieht, wenn sie geschlagen wird?

Zu Aufgabe 173:
Mit dem Angriff auf den Turm wähnte sich Weiß in Sicherheit. Analysieren Sie die entstandene Situation.

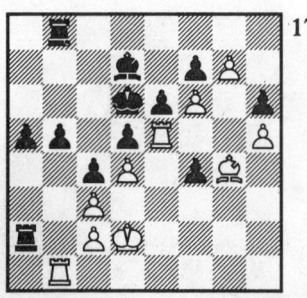

172

Weiß am Zuge

Wundersame Rettung

Stellen wir uns vor, daß wir im Kino einen packenden Abenteuerfilm verfolgen. Der Held ist von Feinden umzingelt, seine Lage erscheint hoffnungslos, das tragische Ende unausweichlich. Im allerletzten Moment aber, als keinerlei Hoffnung mehr zu bestehen schien, gelingt dem Helden die verwegene Flucht, oder er rettet sich auf eine andere wundersame Weise aus der Gefahr. Nach der Absicht des Drehbuchautors ergibt sich die Rettung ganz überraschend, und zur großen Freude der Zuschauer bleibt dem geliebten Helden das traurige Ende erspart. So verlangen es die Gesetze dieses optimistischen Genres – Mut und Tugend müssen belohnt werden. „Wie im Roman" oder „wie im Film", pflegt der Leser oder Filmzuschauer zu sagen. „Wie in einer Studie", sagen die Schachspieler.

Weiß am Zuge

Schwarz besitzt die Dame für den Turm, und außerdem sind der weiße Turm und der weiße Springer angegriffen. Es rettet aber **1. ♖f6+! ♛:f6 2.e5+** (2. ... ♔:e5 3.♞g4+ oder 2. ... ♛:e5 3. ♞f7+).

Karaksoni–Borbely
Oradea 1948

Schwarz am Zuge

Weiß verfügt über vier Mehrbauern, der gegnerische König
steht entblößt, und es droht
♕b7–d5 matt. Der Kampf
wäre entschieden, wenn der
schwarze König ein einziges
Rückzugsfeld hätte. Weil er
aber nirgendwohin ziehen
kann (und auch der Bauer f6
blockiert ist), braucht sich
Schwarz nur von seinen restlichen Figuren zu „trennen":
1. ... ♘f4+! 2.gf
Auch nach 2.♔f3 ♕e2+!
3.♔:f4 ♕f3+ 4.♔:f3 patt ge-
langt Schwarz ans Ziel seiner
Wünsche.
2. ... ♕:f2+! 3.♔h3 ♕:h2+
(diese aufdringliche Dame!)
4.♔g4 ♕h3+ 5.♔:h3, und
Schwarz ist patt.

Stollberg–Pimenow
Rostow 1941

Weiß am Zuge

Mit einem Turmopfer hatte
Schwarz den gegnerischen König seiner schützenden Bauern
beraubt, und das Matt scheint
unabwendbar, Weiß besitzt

aber eine taktische Gegen-
chance. Sein König hat keinen
Zug, beide Bauern sind festge-
legt, und wenn er das gesamte
übrige Material opfert, kann er
der Niederlage entgehen:
1.♖h8+! ♔:h8 (1. ... ♔g6??
2.♕e6 matt) **2.♖b8+ ♔h7**
3.♖h8+ ♔:h8 4.♕:g7+. Wie
der Nachziehende die Dame
auch schlägt, Weiß wird patt.

Reefschläger–Seppeur
BRD 1983

Schwarz am Zuge

Weiß besitzt einen Springer
mehr, der obendrein sehr stark
postiert ist. Die einzige Möglichkeit, sich doch noch zu retten, besteht für Schwarz darin,
die offene weiße Königsstellung zu nutzen. Es folgte **1. ...
♖c1+ 2.♔h2 ♕c2+ 3.♔h3**

Der weiße Turm darf wegen des tödlichen Schachs auf a7 nicht geschlagen werden. Aber wenn man berücksichtigt, daß der König von Schwarz bewegungsunfähig ist und alle fünf Bauern blockiert sind, läßt sich eine rettende Kombination finden: **3. ... ♖h1+! 4. ♖:h1 ♛g2+! 5.♔:g2**, und Schwarz hat sich ins Patt gerettet. Nicht von ungefähr hat Tartakower das Patt als „Tragikomödie des Schachs" bezeichnet. Derartige Schauspiele kommen sogar bei der „Prominenz" des Schachs zur Aufführung.

Ribli–Spasski
Montpellier 1985

Weiß am Zuge

Wie soll Weiß die Mehrbauern realisieren? Ribli zog **1.h6** und bot dem Partner den Übergang in ein Bauernendspiel an. Spasski lehnte dieses Angebot selbstverständlich ab, da Weiß nach 1. ... ♛:h6+ 2.♛h4 ♛:h4+ 3.♔:h4 oder 2. ... ♔g7 (anstelle von 2. ... ♛:h4+) 3.♛:h6+ ♔:h6 4.♔h4 ♔g6 5.♔g4, wie in jedem Lehrbuch für Anfänger nachzulesen ist, den Sieg davonträgt.
Schwarz verteidigte sich gegen das Matt auf g7 mit **1. ... ♛b2**. Nun würde der Damentausch schon das rettende Remis bedeuten: **2.♛g7+? ♛:g7 3.hg+ ♔:g7 4.♔h4 ♔h6**, und Schwarz hält im Gegensatz zur vorangegangenen Variante die Opposition.
In der Partie folgte **2.♔h4 ♛h2+**

3.♔g5?
Das Finale dieser Begegnung demonstriert uns zum wiederholten Male, daß niemand selbst gegen einfachste Fehler gefeit ist. Hier führte das ele-

mentare 3.♛h3 ♛d2 4.♛e6 zum Sieg. Nach dem unbekümmerten Königszug zog Spasski **3. ...** ♛:h6+, und sein Gegner mußte sich mit dem Verlust eines halben Punktes abfinden (wenn Weiß die Dame nicht schlägt, sondern mit dem König nach f5 ausweicht, ergibt sich ein Damenendspiel, das theoretisch remis ist).

Jetzt noch eine wundersame Rettung durch ein Dauerschach.

Kratkowski−Lapschis
UdSSR 1982

Weiß am Zuge

Weiß hatte im vorangegangenen Kampf einen Läufer verloren. Auf den falschen Damenzug nach b6 eröffnete sich ihm aber eine glückliche Rettung: **1.♖:f8+ ♝:f8 2.♛g8+! ♚:g8 3.♞h6+ ♚h8 4.♞f7+** mit Dauerschach.

Wie würden Sie spielen?

174

Schwarz am Zuge

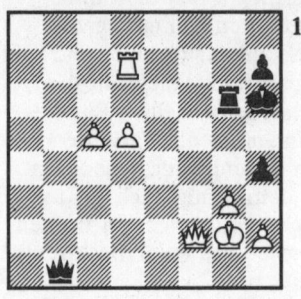

177

Schwarz am Zuge

175

Schwarz am Zuge

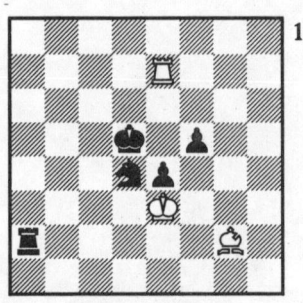

178

Weiß am Zuge

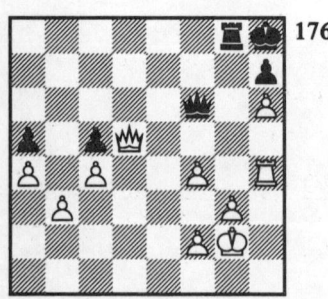

176

Schwarz am Zuge

179

Weiß am Zuge

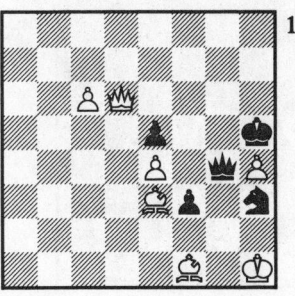

182

Schwarz am Zuge

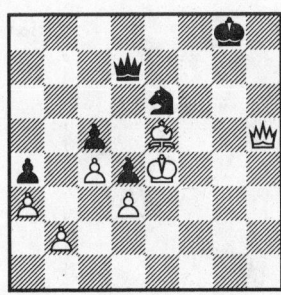

180

Schwarz am Zuge

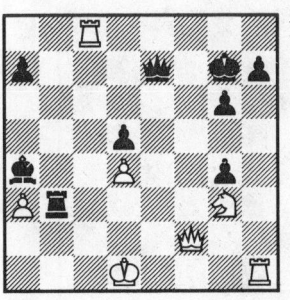

183

Weiß am Zuge

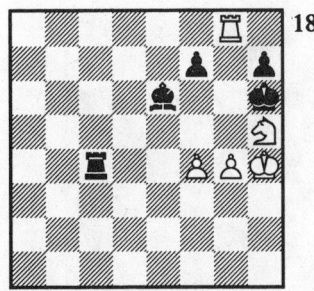

181

Schwarz am Zuge

Zu Aufgabe 179:
Welchen Rat können Sie Weiß geben?

Zu Aufgabe 181:
Mit f3–f4 hatte Weiß soeben eine Mattdrohung aufgestellt. Wie soll sich Schwarz verteidigen?

184

Weiß am Zuge

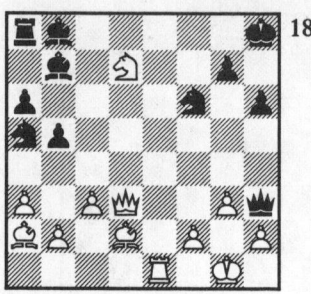

187

Weiß am Zuge

185

Weiß am Zuge

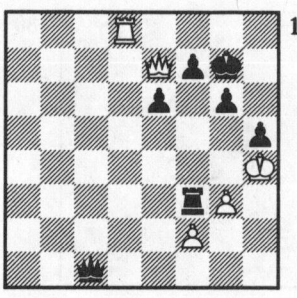

188

Weiß am Zuge

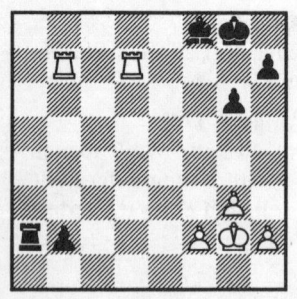

186

Schwarz am Zuge

189

Weiß am Zuge

190

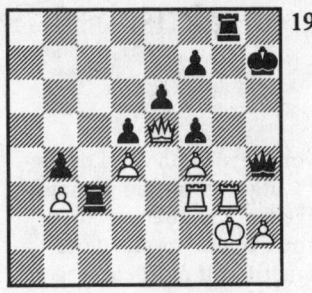

191

Schwarz am Zuge

Schwarz am Zuge

Zu Aufgabe 190:
Schwarz hatte 1. ... ♗:g2 gespielt. Was würden Sie darauf
erwidern?

Zu Aufgabe 191:
Auf 1. ... ♖c2+ zog Weiß
2.♔f1. Kann Schwarz gewinnen?

Examen
Ihrer taktischen Schlagfertigkeit

Bevor Sie sich an die Lösung der Aufgaben in den vorangegangenen Kapiteln machten, wurden Ihnen jeweils deren Thematik mit auf den Weg gegeben. Sie erhielten dadurch einen wesentlichen Fingerzeig. Der Lösungshinweis nannte eine bestimmte Methode, nach der Sie die Aufgabe lösen sollten. In den zwei letzten Kapiteln „Bauernumwandlung" und „Wundersame Rettung" wurde Ihnen ein Hinweis auf den Charakter der Schlußstellung gegeben. Deshalb waren die vorangegangenen Übungen wohl eher eine Vorprüfung und noch kein Examen. In dem folgenden echten Examen wird es keine Fingerzeige geben (abgesehen natürlich von dem ganz allgemeinen Hinweis, der sich aus dem Titel des Buches ergibt). Die Prüfungsaufgaben folgen keiner bestimmten Ordnung, aber jede Lösung soll Sie begeistern. Das Examen verlangt ein hohes Maß an Selbständigkeit und kommt dem praktischen Spiel nahe, in dem Sie immer und immer wieder neue Situationen zu meistern haben. Sie können sich nun an 166 Examensfragen testen. Schätzen Sie bitte selbst ein, wie erfolgreich Sie diese Prüfung bestehen.

192

Schwarz am Zuge

195

Weiß am Zuge

193

Weiß am Zuge

196

Weiß am Zuge

194

Weiß am Zuge

197

Weiß am Zuge

Schwarz am Zuge

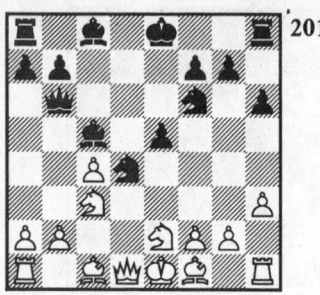

Weiß am Zuge

Schwarz am Zuge

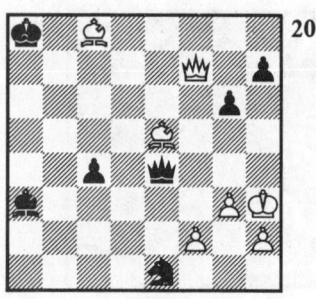

Weiß am Zuge

Weiß am Zuge

Zu Aufgabe 199:
Schwarz spielte 1. ... ♘e5.
Was ist Ihre Entgegnung?

Zu Aufgabe 201:
Weiß zog 1.♘a4. Kann man
diesen Zug widerlegen?

203

Weiß am Zuge

206

Weiß am Zuge

204

Schwarz am Zuge

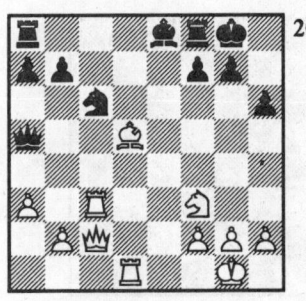

207

Weiß am Zuge

205

Weiß am Zuge

Zu Aufgabe 204:
Schwarz steckte mit 1. ...
♗:c4 2.♕:c4 ♘:a5 kühn einen
Bauern ein. Ob dieser Mut belohnt wird?

208

Weiß am Zuge

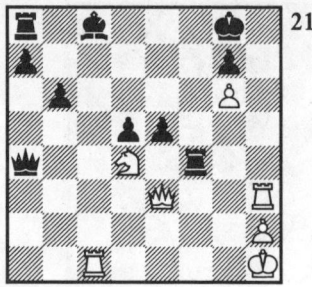

211

Weiß am Zuge

209

Schwarz am Zuge

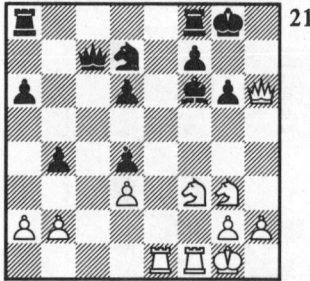

212

Weiß am Zuge

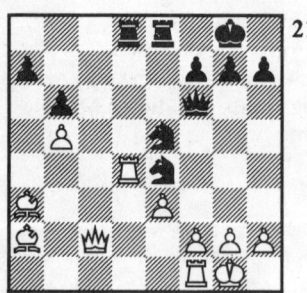

210

Schwarz am Zuge

213

Schwarz am Zuge

214

Weiß am Zuge

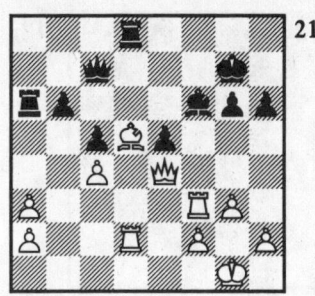

217

Weiß am Zuge

215

Schwarz am Zuge

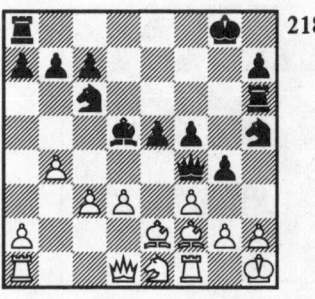

218

Weiß am Zuge

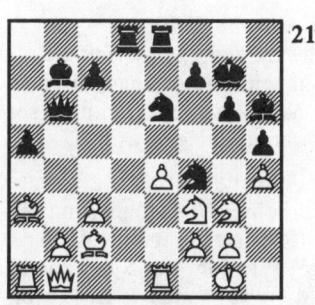

216

Schwarz am Zuge

Zu Aufgabe 218:
Weiß sieht sich zahlreichen
Drohungen gegenüber und
spielte 1.fg. Wie würden Sie
fortsetzen?

Schwarz am Zuge

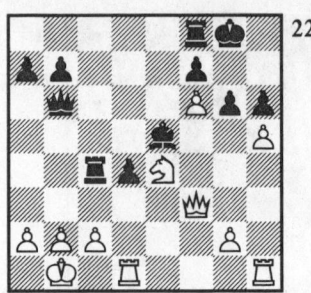

Schwarz am Zuge

Weiß am Zuge

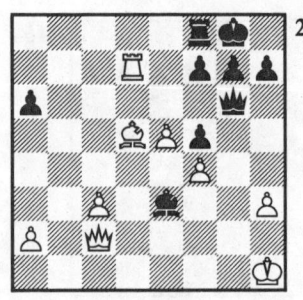

Weiß am Zuge

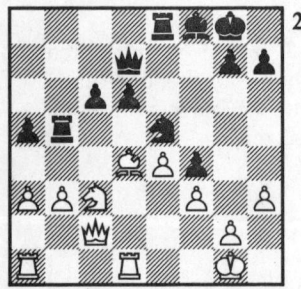

Schwarz am Zuge

Zu Aufgabe 219:
Schwarz zog 1. ... ♖fe8, obwohl sein Läufer angegriffen ist. Was geschieht, wenn dieser Läufer geschlagen wird?

Zu Aufgabe 220:
Nach einer Umgruppierung seiner Schwerfiguren zog Weiß 1.g5. Wie geht das Spiel nach dem erzwungenen 1. ... fg weiter?

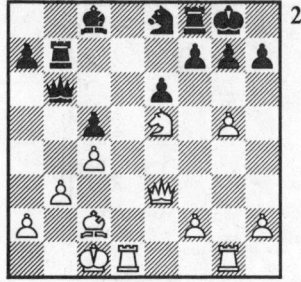

Weiß am Zuge

Weiß am Zuge

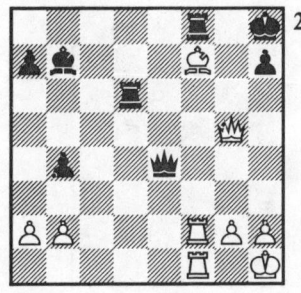

Weiß am Zuge

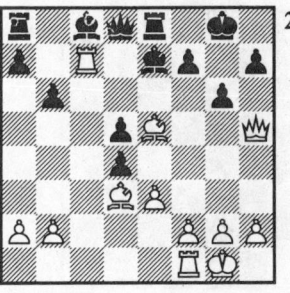

Weiß am Zuge

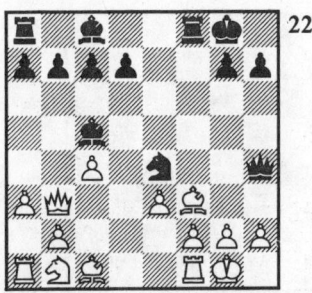

Schwarz am Zuge

Zu Aufgabe 228:
Mit g7–g6 hatte sich Schwarz zuletzt gegen das Matt verteidigt. Setzen Sie den Angriff fort.

229

Weiß am Zuge

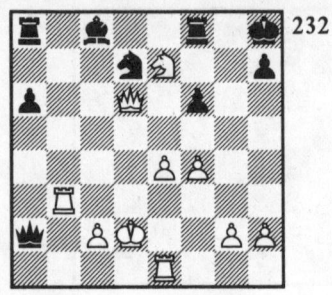

232

Weiß am Zuge

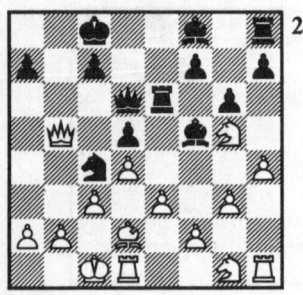

230

Schwarz am Zuge

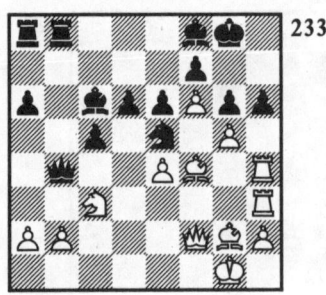

233

Weiß am Zuge

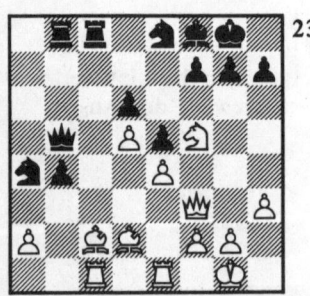

231

Weiß am Zuge

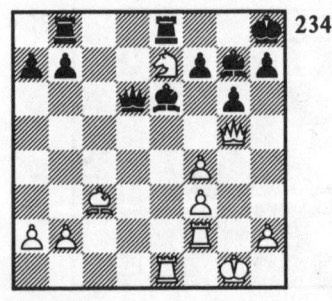

234

Weiß am Zuge

88

235

Weiß am Zuge

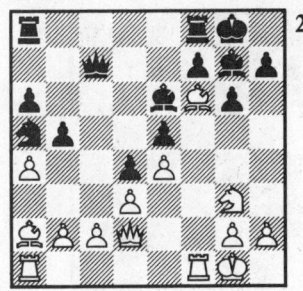

238

Weiß am Zuge

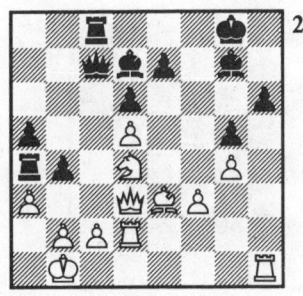

236

Weiß am Zuge

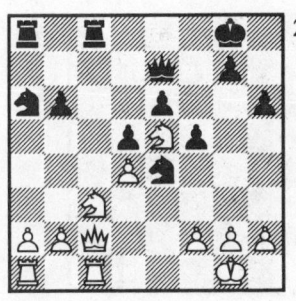

239

Weiß am Zuge

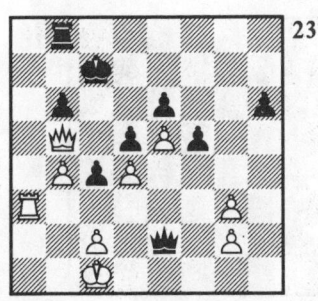

237

Schwarz am Zuge

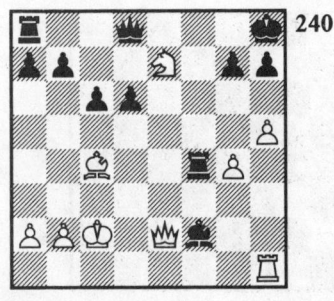

240

Weiß am Zuge

241

Schwarz am Zuge

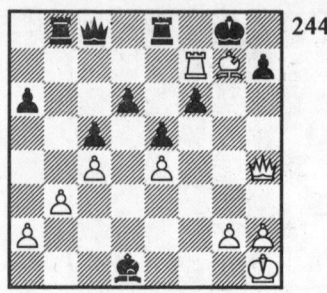

244

Weiß am Zuge

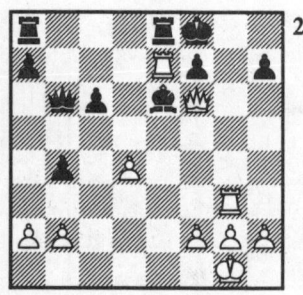

242

Weiß am Zuge

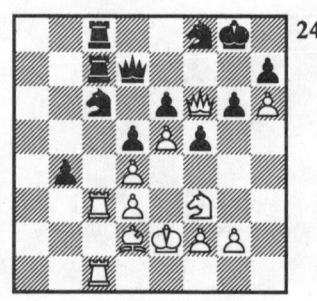

245

Weiß am Zuge

243

Schwarz am Zuge

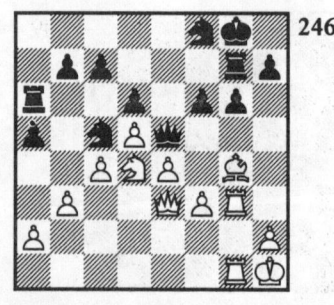

246

Weiß am Zuge

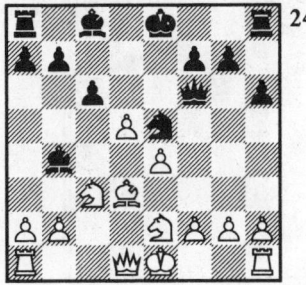

247

Schwarz am Zuge

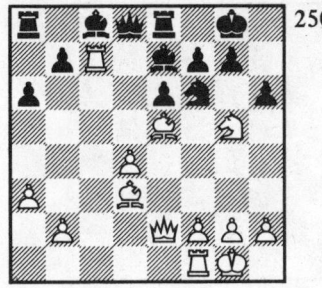

250

Weiß am Zuge

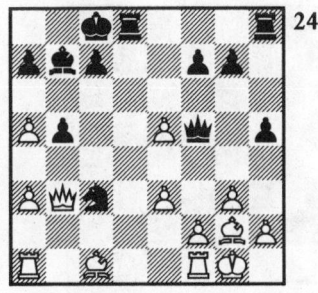

248

Schwarz am Zuge

Zu Aufgabe 249:
Analysieren Sie die Fortsetzung 1.♘f4 und schätzen Sie die Situation ein.

Zu Aufgabe 250:
Mit seinem letzten Zug h7–h6 möchte Schwarz den Springer vertreiben. Wie soll Weiß darauf reagieren?

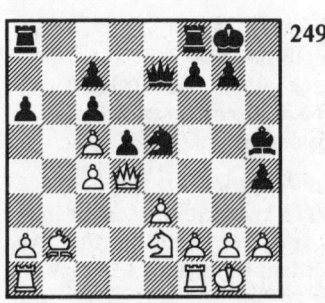

249

Weiß am Zuge

251

Schwarz am Zuge

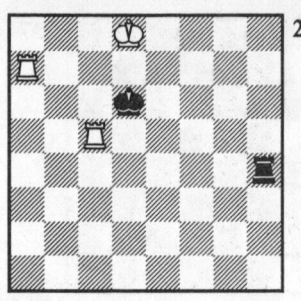

254

Weiß am Zuge

252

Schwarz am Zuge

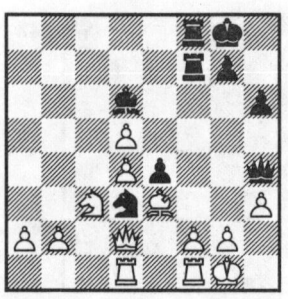

255

Schwarz am Zuge

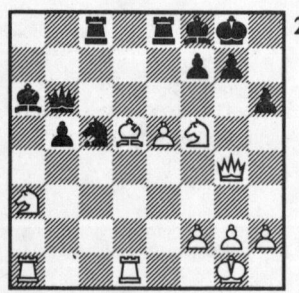

253

Weiß am Zuge

Zu Aufgabe 251:
Weiß hat den Turmabtausch
angeboten. Wie würden Sie
mit den schwarzen Steinen
fortsetzen?

Zu Aufgabe 254:
Weiß besitzt einen Turm mehr,
aber dieser ist angegriffen. Außerdem droht ihm Matt. Was
ist zu tun?

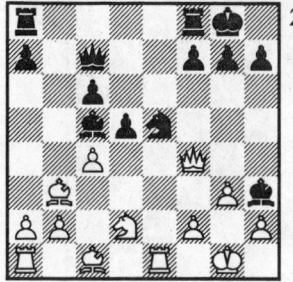

Schwarz am Zuge

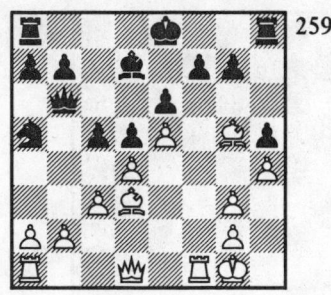

Weiß am Zuge

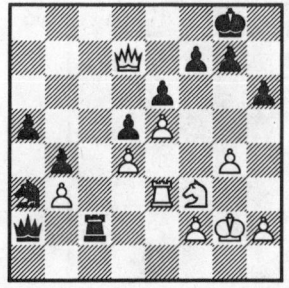

Weiß am Zuge

Weiß am Zuge

Weiß am Zuge

Zu Aufgabe 258:
Weiß zog **1.c3**, um den Springer über c2 nach d4 zu bringen. Wie sind die Folgen nach **1. ... ♗:c3+** einzuschätzen?

261

Weiß am Zuge

264

Schwarz am Zuge

262

Weiß am Zuge

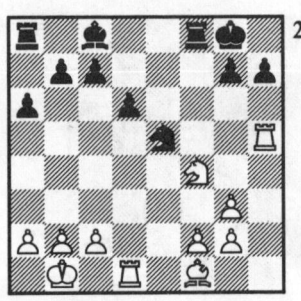

265

Weiß am Zuge

263

Weiß am Zuge

Zu Aufgabe 263:
Den Zug 1.c5, mit dem Weiß durch die Fesselung die Figur zurückgewinnt, beantwortete Schwarz mit dem taktischen Schlag 1. ... ♖e4. Wie wird sich das weitere Spiel gestalten?

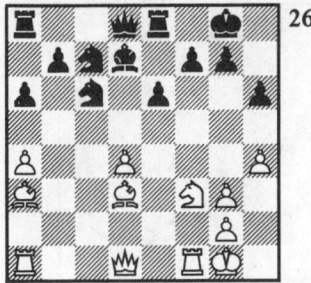

266

Weiß am Zuge

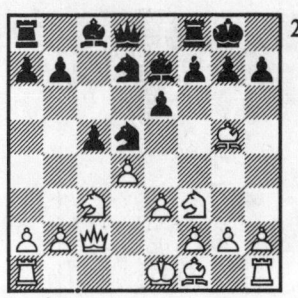

269

Weiß am Zuge

267

Schwarz am Zuge

Zu Aufgabe 269:
Es folgt **1.♘:d5 ♗:g5 2.h4
♛a5+** (2. ... ♗e7 3.♘g5). Als
Schwarz das Zwischenschach
ins Auge faßte, hegte er keine
Befürchtungen gegenüber **3.b4**,
weil er **3. ... cb** antworten
wollte, um auf **4.♘:g5** (oder
4.hg) mit **4. ... b3+** die Damen zu tauschen und anschließend den Springer auf d5 zu
schlagen. Geht diese Rechnung
auf?

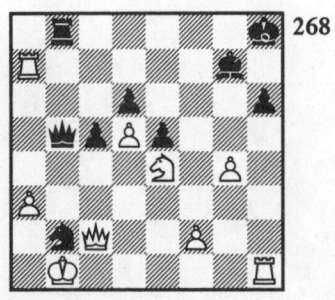

268

Weiß am Zuge

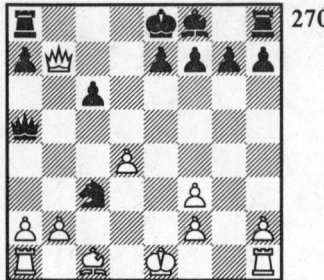

270

Schwarz am Zuge

273

Weiß am Zuge

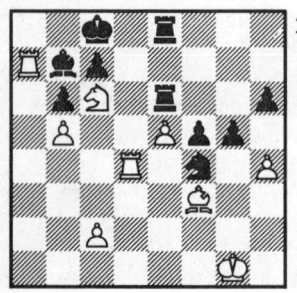

271

Weiß am Zuge

Zu Aufgabe 270:
Weiß hatte diese Stellung angestrebt, weil er zwei Drohungen sah: das Schlagen des Turmes und ♗c1–d2 (womit er
die Figur zurückholen will).
Wie würden Sie mit Schwarz
fortsetzen?

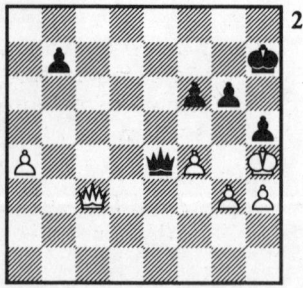

272

Schwarz am Zuge

274

Schwarz am Zuge

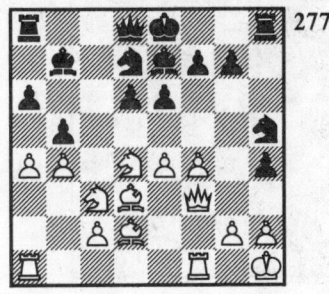

277

Schwarz am Zuge

275

Weiß am Zuge

278

Schwarz am Zuge

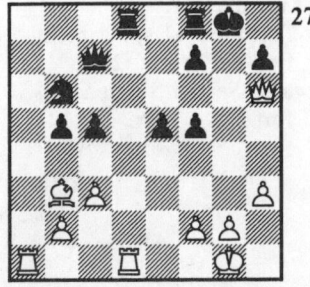

276

Weiß am Zuge

Zu Aufgabe 274:
In einer scharfen Eröffnungsvariante hatte Schwarz den Turm geopfert. Wie muß er den Angriff jetzt fortsetzen.

Zu Aufgabe 278:
Weiß hatte zuletzt ♗d2–g5 gespielt. Wie ist Ihre Entscheidung?

279

Weiß am Zuge

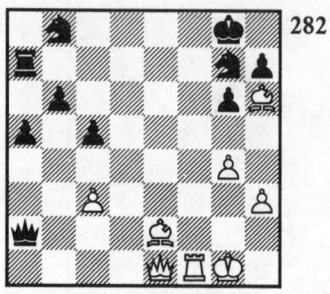

282

Weiß am Zuge

280

Weiß am Zuge

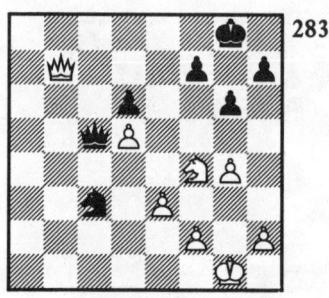

283

Weiß am Zuge

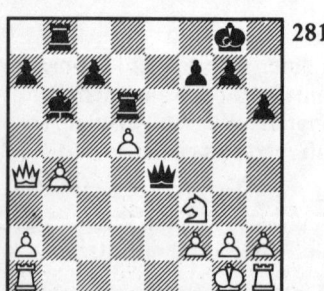

281

Zu Aufgabe 281:
Der Turm auf h1 spielt nicht
mit, und der Punkt f2 ist
schwach. Setzen Sie den Angriff fort.

Schwarz am Zuge

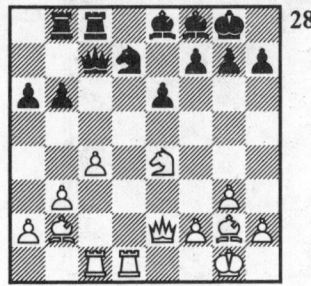

284

Weiß am Zuge

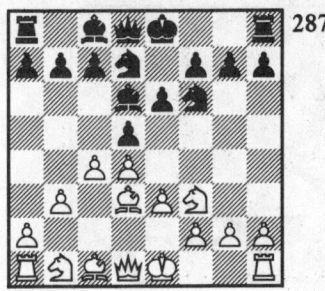

287

Schwarz am Zuge

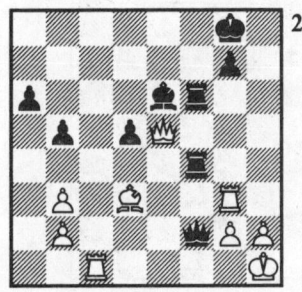

285

Weiß am Zuge

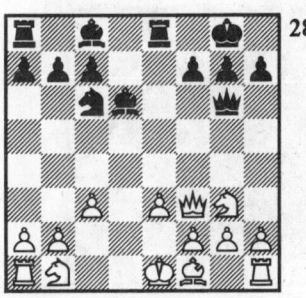

288

Schwarz am Zuge

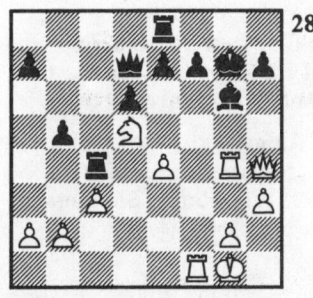

286

Weiß am Zuge

Zu Aufgabe 287:
Schwarz entschloß sich zu dem geplanten Zentrumsvorstoß
1. ... e5. Auf 2.c5 brachte er das zeitweilige Figurenopfer
2. ... ♗:c5 3.dc e4. Schätzen Sie dessen Folgen ab.

Zu Aufgabe 288:
Schwarz ist dem Gegner durch ein Bauernopfer deutlich in der Entwicklung voraus. Führen Sie seinen Angriff weiter.

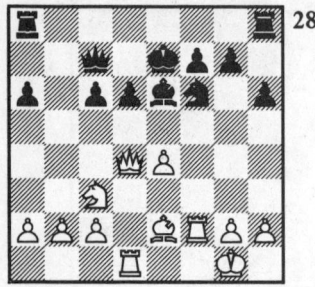

Weiß am Zuge

Weiß am Zuge

Schwarz am Zuge

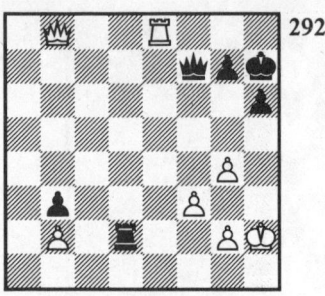

Schwarz am Zuge

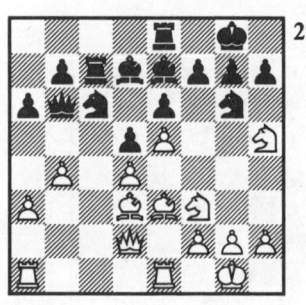

Weiß am Zuge

Zu Aufgabe 289:
Weiß übt auf den Linien d und f Druck aus, aber wie soll er konkret vorankommen?

Zu Aufgabe 292:
Der Nachziehende spielte 1. ... ♛:f3. Wie würden Sie hierauf antworten?

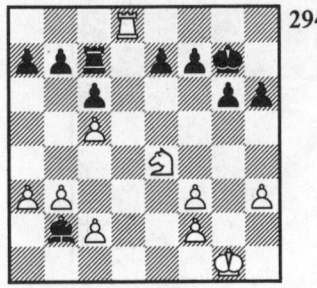

Weiß am Zuge

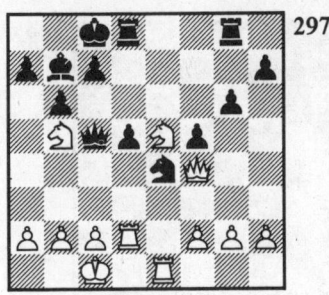

Weiß am Zuge

Weiß am Zuge

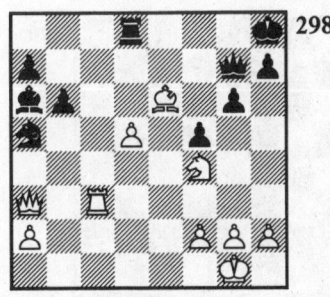

Weiß am Zuge

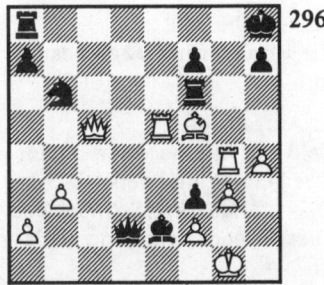

Weiß am Zuge

Zu Aufgabe 296:
Weiß hat eine Figur weniger, und überdies droht ♛d2–e1+ nebst ♛e1–f1. Aber der schwarze König steht auch nicht ungefährdet, da ihm die g-Linie verwehrt ist. Wie ist Ihre Entscheidung?

299

Weiß am Zuge

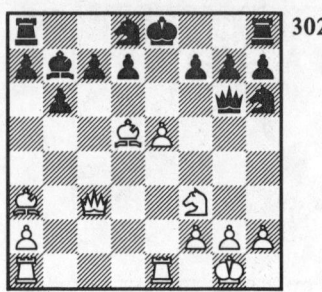

302

Weiß am Zuge

300

Weiß am Zuge

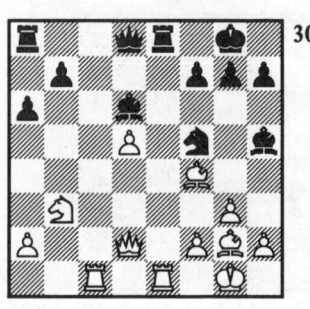

303

Weiß am Zuge

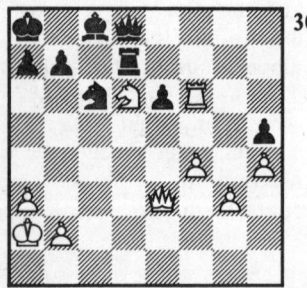

301

Weiß am Zuge

Zu Aufgabe 300:
Wie würden Sie 1.♗g5 beantworten?

Zu Aufgabe 301:
Weiß war in eine verzweifelte Lage geraten und versuchte noch 1.♘:c8. Soll Schwarz den Springer oder den Turm schlagen?

304

Weiß am Zuge

307

Weiß am Zuge

305

Weiß am Zuge

308

Weiß am Zuge

306

Zu Aufgabe 305:
Geleitet von der Idee einer Ablenkung, holte sich Weiß mit
1.♗:d5 den verlorenen Bauern zurück. Wie lautet Ihre Antwort?

Schwarz am Zuge

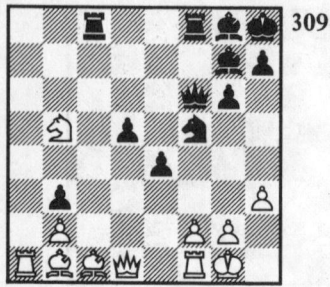

309

Schwarz am Zuge

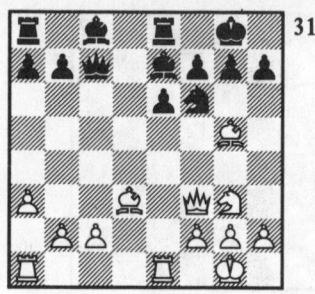

312

Weiß am Zuge

310

Weiß am Zuge

313

Weiß am Zuge

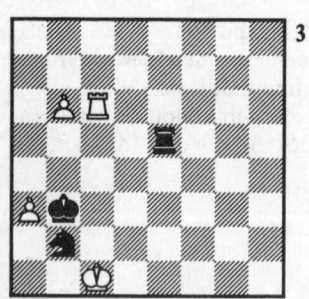

311

Schwarz am Zuge

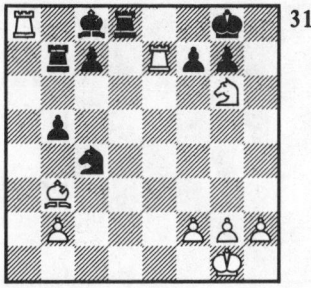

314

Weiß am Zuge

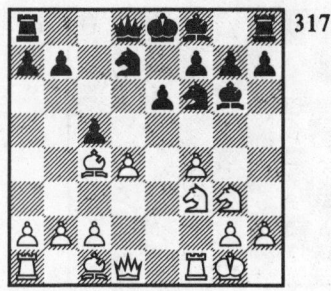

317

Weiß am Zuge

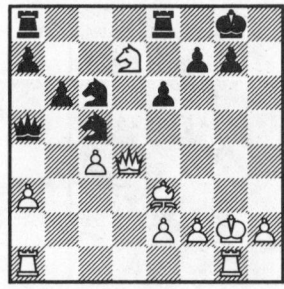

315

Weiß am Zuge

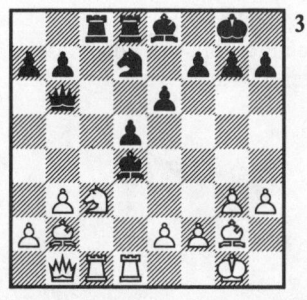

316

Weiß am Zuge

Zu Aufgabe 314:
Schwarz hatte soeben mit
♘d6–c4 die Diagonale des
Läufers b3 verstellt und so den
Punkt f7 geschützt. Jetzt ist
der Springer g6 bedroht. Wie
soll Weiß den Angriff fortführen?

Zu Aufgabe 317:
Weil Schwarz mit der Entwicklung im Rückstand ist, kann
Weiß zu aktiven Handlungen
schreiten: **1.f5 ef** (1. … ♗:f5
2.♘:f5 ef 3.♘g5) **2.♘h4 ♗e7
3.♘g:f5 0–0 4.♕e2 ♖e8**. Setzen Sie den Angriff fort.

105

 **318**

Weiß am Zuge

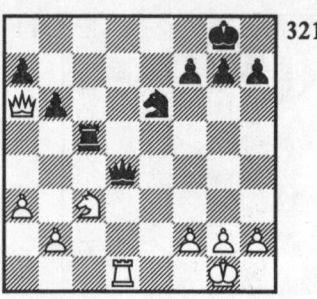 **321**

Schwarz am Zuge

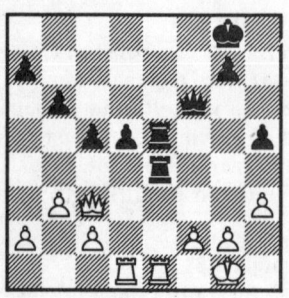 **319**

Schwarz am Zuge

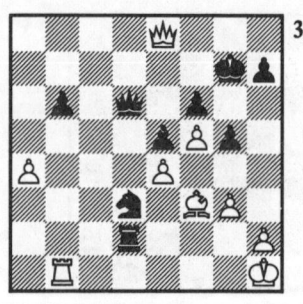 **322**

Weiß am Zuge

 **320**

Schwarz am Zuge

Zu Aufgabe 322:
Berechnen Sie die Folgen des
Zuges 1. ♖:b6.

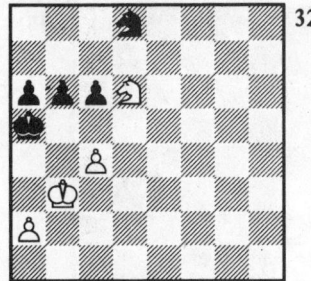

323

Weiß am Zuge

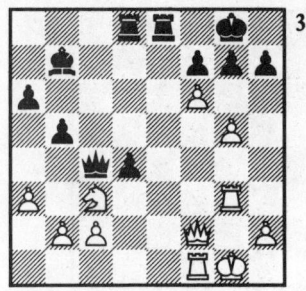

326

Weiß am Zuge

324

Schwarz am Zuge

Zu Aufgabe 324:
Darf Schwarz den Läufer schlagen?

Zu Aufgabe 325:
Weiß leitete einen Angriff ein:
**1.g5 hg 2.fg ♘g8 3.g6! ♘gf6
4.gf+ ♔:f7.** Führen Sie den
Angriff fort.

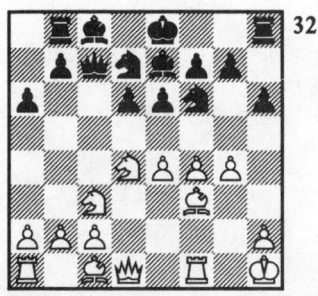

325

Weiß am Zuge

327

Weiß am Zuge

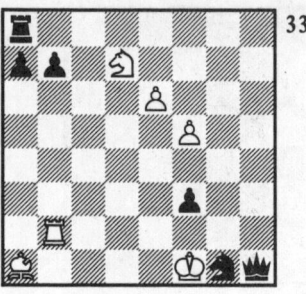

330

Weiß am Zuge

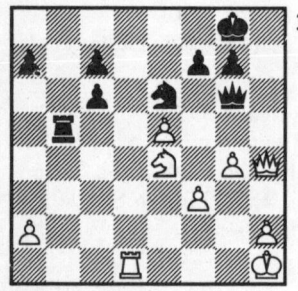

328

Zu Aufgabe 327:
Schwarz hatte mit seinem letzten Zug den Damentausch angeboten. Kann Weiß die Partie gewinnen?

Weiß am Zuge

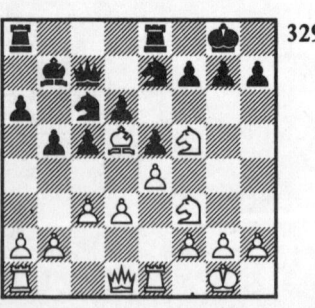

329

Weiß am Zuge

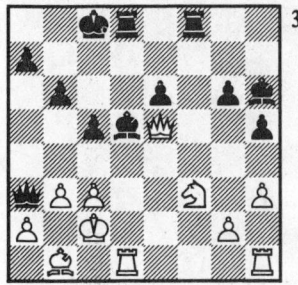

331

Schwarz am Zuge

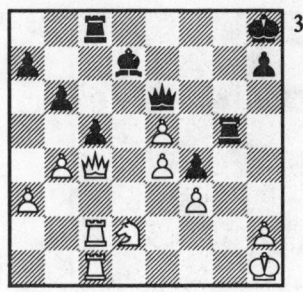

334

Schwarz am Zuge

332

Weiß am Zuge

Zu Aufgabe 332:
Mit zwei Bauernopfern hat Weiß seinen Gegner in der Entwicklung klar überflügelt. Wie soll er den Angriff weiterführen?

Zu Aufgabe 334:
Der weiße Königsflügel ist bedroht. Kann Schwarz auf kombinatorischem Wege gewinnen?

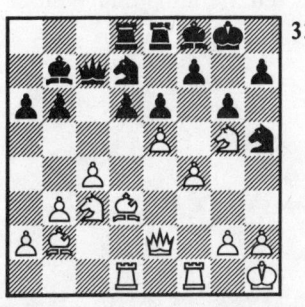

333

Weiß am Zuge

335

338

Weiß am Zuge

Weiß am Zuge

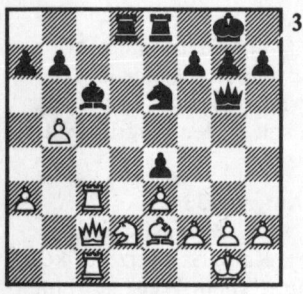

336

Schwarz am Zuge

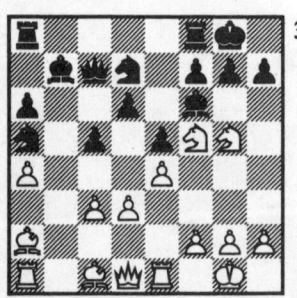

337

Schwarz am Zuge

Zu Aufgabe 337:
Schwarz entschloß sich, den Springer mit **1. ... h6** zu vertreiben. Was erwidern Sie?

Zu Aufgabe 338:
Schwarz hat seinen Läufer nicht in Sicherheit gebracht und hofft, sich die offene weiße Königsstellung zunutze zu machen, um Zugwiederholung zu erreichen oder den Läufer zurückzugewinnen. Berechnen Sie die Varianten und schätzen Sie die Stellung ein.

339

Schwarz am Zuge

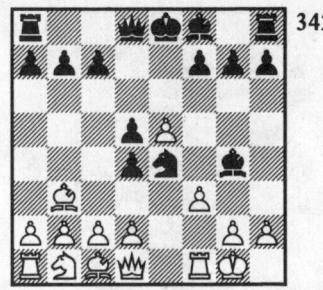

342

Schwarz am Zuge

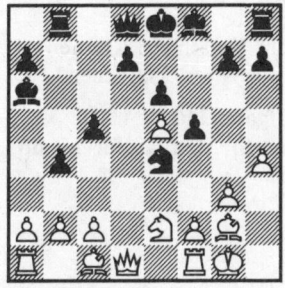

340

Weiß am Zuge

Zu Aufgabe 339:
Wozu führt der taktische Zug
1. ... ♘:g4?

Zu Aufgabe 340:
Was verheißt dem Anziehenden die Variante 1.♘f4 ♗:f1
2.♕h5+usw.?

Zu Aufgabe 342:
Wie würden Sie auf den Zug
1. ... d3 reagieren?.

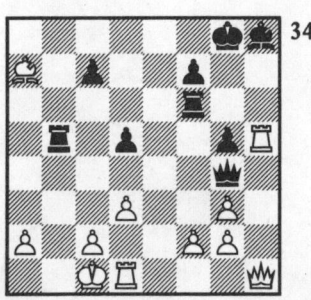

341

Schwarz am Zuge

111

343

Weiß am Zuge

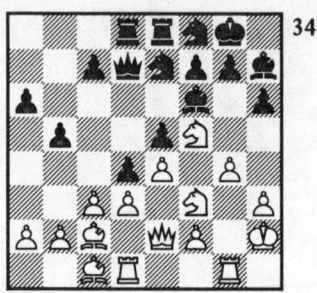

346

Weiß am Zuge

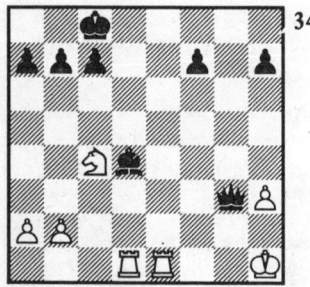

344

Zu Aufgabe 344:
Es droht ♛g3:h3+. Können
Sie Weiß einen Rat geben?

Zu Aufgabe 346:
Würden Sie den Läufer auf h6
opfern?

Weiß am Zuge

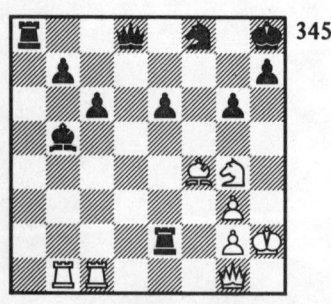

345

Weiß am Zuge

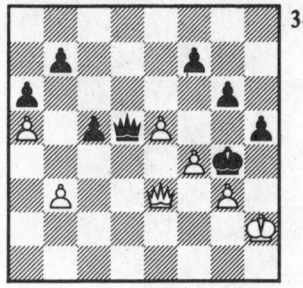

347

Weiß am Zuge

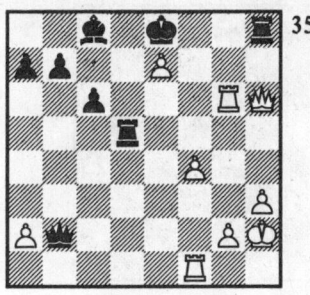

350

Weiß am Zuge

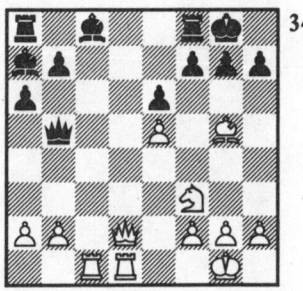

348

Weiß am Zuge

Zu Aufgabe 350:
Weiß hat durch ein Läuferopfer die Bauerndeckung des gegnerischen Königs vernichtet und trägt einen Angriff vor. Die Bedrohung seiner Dame beantwortete Weiß mit **1. Ie1.** Nun scheitert 1. ... **I:h6** an 2. **Ig8+,** während 1. ... **Ŝ:h3** mit 2. **Ie2** pariert wird. Schwarz setzte aber mit **1. ... Id2** fort. Wie führen Sie jetzt den Angriff weiter?

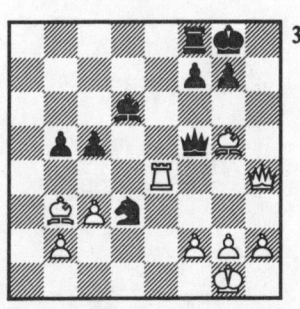

349

Schwarz am Zuge

113

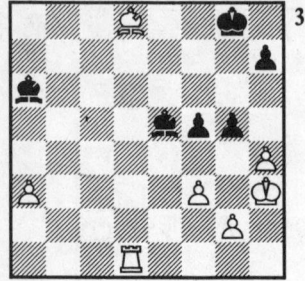

351

Schwarz am Zuge

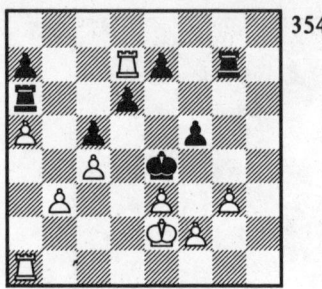

354

Weiß am Zuge

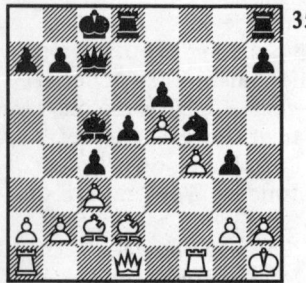

352

Schwarz am Zuge

Zu Aufgabe 351:
Wie können die Läufer ihre
Kraft entfalten?

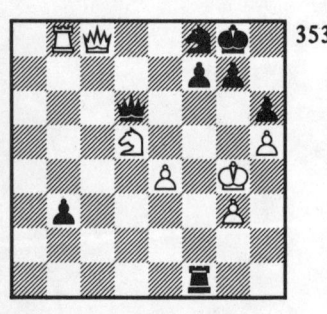

353

Weiß am Zuge

355

Weiß am Zuge

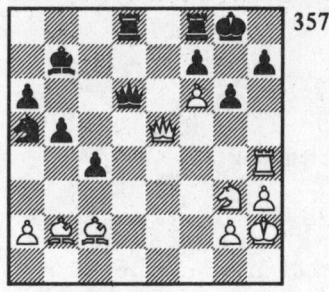

357

Weiß am Zuge

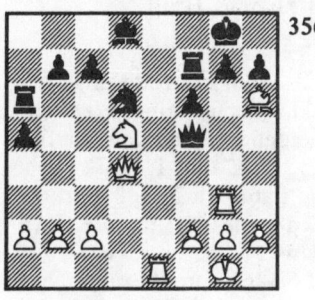

356

Weiß am Zuge

Zu Aufgabe 357:
Weiß greift an. Weil Schwarz die Qualität und zwei Mehrbauern besitzt, hat er Damentausch angeboten. Wenn sich die weiße Dame dem Tausch entzieht, will der Nachziehende ♛d6–d2 spielen. Wie wird die Partie ausgehen? Geben Sie eine ausführliche Analyse.

Lösungen

Ablenkung

Aufgabe 1
1. ... ♛d4+ 2.♔h1 ♛f2! Auf
3.♛b5 folgt 3. ... ♖e1.Weiß
gab deshalb auf (Reschewski–
Fischer, Palma de Mallorca
1970).

Aufgabe 2
Nach 1. ... ♛f3! mußte sich
Weiß geschlagen bekennen.
Falls 2.♛:f3, so 2. ... ♖a1+.
Auf 2.♛f1 entscheidet 2. ...
♖a1 (Metschkarow–Kaikam-
dshosow, Bulgarien 1969).

Aufgabe 3
Nachdem Schwarz 1. ... ♗:e3
gespielt hatte, gab Weiß die
Partie auf. Der Zug 2.♛:e3
wird mit 2. ... bc+ und ent-
scheidendem Materialgewinn
beantwortet, weil der Bauer c4
weder mit dem Turm noch mit
dem Bauern wegen des Turm-
schachs auf b3 geschlagen werden darf (Naranja–Gheorghiu,
Manila 1974).

Aufgabe 4
Schwarz begegnete dem Da-
mentauschangebot mit 1. ...
♗a6! Dadurch wird der weiße
Läufer abgelenkt, und Weiß
mußte aufgeben (Uhlmann–
Larsen, Las Palmas 1971).

Aufgabe 5
1.♘f6+! gf 2.♖:e8+. Auf
2. ... ♛:e8 gewinnt 3.♗:f6.
Falls 2. ... ♗:e8, so 3.♛h6
♛d7 (es drohte 4.♗:f6) 4.♛:f6
(4.♗:f6 ♛g4) 4. ... ♔f8
5.♖e1, und der Nachziehende
wird matt gesetzt. Schwarz gab
deshalb auf (Tompa–Herrou,
Val Thorens 1980).

Aufgabe 6
1.♖:e5! (dieses zeitweilige Ablenkungsopfer bringt Weiß entscheidenden Materialvorteil)
1. ... ♛:e5 (auf 1. ... ♗:e5
folgt natürlich 2.♖d8 matt)
2.♖d8+ ♗:d8 3.♛:e5+ ♔d7
4.♛d4+ ♔e6 (4. ... ♔e7 wird
mit 5.♗c5+ und 6.♛:h8 be-
antwortet) 5.♗:d8 (Beljawski–
Tawadjan, Jaroslawl 1982).

Aufgabe 7
1. ... ♖d8! 2.♛e3 ♛:c2!
3.♔f1 ♖d1+, und Weiß gab
wegen 4.♖:d1 ♛:d1+ 5.♛e1
♛d3+ auf (Barcza–Tal, Tallinn 1971).

Aufgabe 8
Wegen der Fesselung in der
zweiten Reihe kann Weiß
nicht mit g2–g3 matt setzen.
Nach 1.♛e1+! (Stahlberg–
Becker, Buenos Aires 1944)
kam er dennoch dazu.

Aufgabe 9
3. ... ♖f5 4.♕e2 f3! 5.gf ♖e8
6.♕d1
Oder 6.♕d3 ♖g5+ 7.♔h1
♕h3 8.♖g1, und nun hat
Schwarz die Fortsetzungen
8. ... ♖:g1+ nebst 9. ...
♖e1+ oder 8. ... ♕g2+
9.♖:g2 ♖e1+ zur Auswahl.
6. ... ♖g5+ 7.♔h1 ♕h3
8.♖g1

8. ... ♖e1! Damit werden zwei
Verteidiger des weißen Königs
abgelenkt – die Dame (9.♕:e1
♕:f3+) und der Turm (9.♖:e1
♕g2 matt), wonach die Partie
entschieden ist (Dille–Pigits,
Fernpartie 1985).

Aufgabe 10
1.♗h6! ♕g8 (1. ... gh beantwortet Weiß mit 2.g7+)
2.♗e6! Auf 2. ... ♕:e6 folgt
3.♕h8+ ♕g8 4.♗:g7+.
Schwarz gab auf (Schtschelo-
tschilin–Tschernikow, Leningrad 1950).

Aufgabe 11
1. ... ♖d3! (die Dame wird
von der Verteidigung des Fel-

des g2 abgelenkt) 2.♗:e5+ de
3.♕b2 (3.♕c2 ♖:d1 4.♖:d1
♕f3+)

3. ... ♕f3+! (aber nicht 3. ...
♖:d1? wegen 4.♕:e5+ ♖g7
5.♕e8+, und die Partie ist remis), und Weiß wird matt gesetzt (Varjomaa–Lundquist,
Schweden 1980).

Aufgabe 12
1.e8♕+! ♘:e8 2.♘f5. Die
Drohung 3.♕e7+ ist unab-
wendbar. Schwarz gab auf (Doroschkewitsch–Balitinow, Orjol
1980).

Aufgabe 13
1.♕:e4 ♖:e4 2.♖1c6!, und
Schwarz gab auf (Wijgerden–
Donner, Niederlande 1976).

Aufgabe 14
Nach 1.♘e7! mußte Schwarz
die Partie verloren geben. Wenn
Schwarz den Springer mit dem
Läufer schlägt, verliert er die
Kontrolle über das Feld h8
und wird matt gesetzt. Außerdem droht 2.♕g8 matt (Najdorf–Porath, Olympiade 1954).

Aufgabe 15

1. ... ♖d1+! 2.♖:d1
Falls 2.♔:d1, so 2. ... ♕d6+, gefolgt von ♕d6–d2:f2 matt.
2. ... ♕:c4 3.♖d2 ♕c1+ 4.♖d1 ♕c3+. Bei 5.♔f1 bringt 5. ... ♕c2 die Entscheidung. Weiß gab auf (Baturinski–Romanowski, Moskau 1945).

Aufgabe 16

1.♘e7+! ♕:e7
Auf 1. ... ♖:e7 folgt 2.♖d8+ ♖e8 3.♖:e8+ (die Dame wird von der Verteidigung des Punktes h7 abgelenkt) 3. ... ♕:e8 4.♕:h7+ ♔f8 5.♗c5+. Doch auch jetzt erreicht Weiß im nächsten Zug sein Ziel.
2.♖:e6! Schwarz gab auf (Pospišil–Keller, Fernpartie 1983/84).

Aufgabe 17

1.♖e1! ♖d8
Wenn 1. ... ♖c8, dann 2.♕b7, und auf 1. ... ♖f8 wird Schwarz matt gesetzt: 2.♖:f8+ und 3.♕b8+.
2.♕b5!
Dieser Zug beendet die Partie, da 2. ... c6 mit 3.♕b7! (3. ... ♖a7 4.♕:d7 ♖:d7 5.♖e8+) beantwortet wird (Wehnert–Leiss, Saßnitz 1962).

Aufgabe 18

Mit **1. ... ♖e2!** lenkt Schwarz den Läufer d3 ab, wonach er das Feld d2 unter Kontrolle bekommt und dem weißen König den Fluchtweg abschnei-

det. Nach **2.♗:e2 ♘e4** streckte Weiß die Waffen, da das Matt unausweichlich ist (Slonim–Rjumin, Moskau 1931).

Aufgabe 19

1.♖c5+! ♔b8 (auf 1. ... ♖c7 folgt 2.♗:b7+) **2.♗:b7!** Nun wird 2. ... ♕:g3+ mit **3.♗g2+!** beantwortet, und auf 2. ... ♖:b7 gewinnt Weiß durch 3.♖:b7+ ♔:b7 4.♕g2+ (Tartakower–Winter, Hastings 1935/36).

Aufgabe 20

1. ... d3! (der Läufer wird von g4 abgelenkt) **2.♗:d3 ♕g4.** Durch den Doppelangriff gegen den Punkt g2 und den Springer g5 verliert Weiß eine Figur (Ligterink–Beljawski, Wijk aan Zee 1985).

Aufgabe 21

Bei seinem Angriff auf den Läufer (♖c8–a8) hatte Weiß den ablenkenden Zug **1. ... ♗c6!** (2.♗:c6 c2) übersehen und mußte nun die Partie aufgeben (Rasuwajew–Konstantinopolski, Moskau 1966).

Aufgabe 22

Schwarz hat einen Springer mehr und gefährliche Freibauern. Jedoch besitzt sein König keinen Bauernschutz, wodurch Weiß den Angriff leicht beenden kann: **1.♕g8+** (auf 1.♖e:e7+ erwidert Schwarz nicht 1. ... ♖:e7? wegen 2.♕g8 matt, sondern 1. ...

♕:e7) **1. ...** ♖f8 **2.♕g6+!** (Ablenkung) **2. ...** ♕:g6 **3.♖e:e7+** ♔d8 **4.♖bd7 matt** (Hartston–Witheley, England 1974).

Aufgabe 23
Der Nachziehende hat einen Läufer mehr und bietet gegen das drohende Matt auf h7 den Damentausch an (das Feld c8 bewacht der Springer). Weiß muß dagegen ein starkes taktisches Mittel finden, weil alle seine Figuren angegriffen sind. Mit dem effektvollen Zug **1.♖f4!!** lenkt er die Dame von der Verteidigung des Punktes h7 ab (falls Schwarz **1. ...** ♕:f4 spielt) oder macht die achte Reihe schutzlos (bei **1. ...** ♕:d3). Schwarz mußte deshalb die Waffen strecken (Below–Ohngemach, Narva 1984).

Aufgabe 24
1. ... ♖:e3 (der Bauer f2 wird abgelenkt, um dem f-Bauern freie Bahn zu schaffen) **2.fe** ♗e4 (zunächst wird der Läufer in Stellung gebracht) **3.♖f2** (es verlor 3.♕e5 f2+ 4.♕:e4 f1♕) **3. ...** ♖:a2! (nun wird der Turm f2 abgelenkt) **4.♖gf1** (4.♖:a2 f2+) **4. ...** ♕:f1+. Diese doppelte Ablenkung des Turmes f2 führt zum Matt (Naumow–Petruschanski, UdSSR 1978).

Aufgabe 25
Weiß ahnte in dieser Stellung nichts Böses: Auf **1. ...** ♕e1+ schlägt er selbstverständlich nicht die Dame, sondern spielt **2.♕f1.** Mit **1. ...** ♖:a3! schlug Schwarz aber den dreifach gedeckten Bauern, wonach Weiß aufgeben mußte (Mikenas–Bronstein, Tallinn 1965).

Aufgabe 26
1.♕e5! ♗d5 (eine andere Verteidigung existiert nicht) **2.♖c2!** (eine zweifache Ablenkung: 2. ... ♕:e5 3.♖c8+; 2. ... ♕:c2 3.♕b8+) **2. ...** ♕d7 **3.♖c8+** ♖e8 **4.♕c7!** Diese weitere Ablenkung der schwarzen Dame von der Verteidigung der letzten Reihe führt zu Materialgewinn. **4. ...** ♕:c8 **5.♗:c8** ♗b3 **6.♗d7.** Schwarz gab auf (Doroschkewitsch–Fedorow, Krasnodar 1981).

Aufgabe 27
1.♕f6 ♕e5

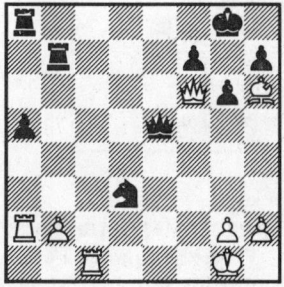

2. ♖:a5!

Mit diesem taktischen Schlag wird eine der zwei Figuren abgelenkt, die wichtige Verteidigungsfunktionen zu erfüllen haben: der Turm, der die achte Reihe kontrolliert, oder die das Feld g7 bewachende Dame. Schwarz gab auf (Sawjalow–Aparzew, Moskau 1985).
Diese relativ leichte taktische Operation mußte unbedingt mit 1.♕f6 eingeleitet werden, da Schwarz auf sofort 1.♖:a5 die Antwort 1. ... ♖:b2 besäße.

Aufgabe 28

In dieser Stellung sind f6 und g7 Schlüsselfelder. Deshalb zog Weiß 1.♗h4! und drohte Matt auf f6. Falls 1. ... ♗g6, so 2.♗f6+ ♔g8 3.♘h6 matt.
1. ... h6 (die einzige Verteidigung)

2.♕f8+!

Die Ablenkung des Springers von der Verteidigung des Feldes g7 führt forciert zum Matt:
2. ... ♘:f8 3.♗f6+ ♔h7 4.♖g7+ ♔h8 5.♖:f7+ ♔g8

6.♘:h6 matt. So endete die Partie Grünfeld–Tarrasch (Baden-Baden 1925).

Aufgabe 29

Mit der Ablenkung 1.♘g6! schafft Weiß unparierbare Drohungen. Wenn Schwarz 1. ... ♘:g6 erwidert, wird er nach 2.♕a6+ ♔b8 3.♘a5! (diese doppelte Ablenkung zwingt den Springer, die Verteidigung der achten Reihe aufzugeben; wenn der Bauer b6 schlägt, dann wird der Punkt a7 entscheidend geschwächt) 3. ... ba 4.♖:d8+ ♘:d8 5.♗:a7+ ♔a8 6.♗b6+ in zwei Zügen matt gesetzt.
In der Partie tauschte Schwarz die Türme, wonach die achte Reihe aber ebenfalls unzureichend gedeckt war:
1. ... ♖:d1 2.♖:d1 ♖g8 (natürlich darf der Springer auch jetzt nicht geschlagen werden) 3.♕a6+ ♔b8

4.♘a5! ♘:a5 (4. ... ba hätte 5.♗:a7+ zur Folge) 5.♖d8+. Auf 5. ... ♘c8 würde Weiß jetzt mit 6.♘:f8 fortsetzen.

Schwarz gab auf (Foigel–Bärenstein, Kiew 1979).

Aufgabe 30
Durch 1.♖:e5 könnte Weiß in ein Turmendspiel mit einem Mehrbauern einlenken – 1. ... ♖b:a6 2.♖:a6 ♖:a6 3.♔:b3. Die Fortsetzung 3. ... ♖a1 ließe dem Nachziehenden aber gute Rettungschancen.
Nach 1.♗d3! ist der schwarze Widerstand indessen sofort gebrochen, weil der Turm wegen des Matts nicht geschlagen werden darf, und bei 1. ... ♖e8 lenkt Weiß wieder mit 2.♖:e5 den Turm von der achten Reihe ab (Capablanca–Rossolimo, Paris 1938).

Aufgabe 31
1.♘g6! ♘h7 2.♖:e6! fe

3.♕:d8+! ♕:d8 4.♗:e6 matt (Taimanow–Kusminych, Leningrad 1950).

Aufgabe 32
1. ... ♘f3+! (diese Ablenkung soll dem Turm c6 die g-Linie öffnen) 2.gf (2.♔h1 ♘:f2+)

2. ... ♖g6+ 3.♔h1 ♘:f2+ (Ablenkung des Turmes von der ersten Reihe) 4.♖:f2 ♖d1+ nebst Matt im nächsten Zuge (N. N.–Englisch, Wien 1885).

Aufgabe 33
1.♘e7+ ♖8:e7 (1. ... ♖2:e7 2.♕:e7) 2.♖d8+ ♖e8 3.♕f8+! ♖:f8 4.♖:f8 matt (Tschigorin–Snosko-Borowski, Kiew 1903).

Aufgabe 34
1.♗f5! (der dem Untergang geweihte Läufer lenkt seinen Gegenspieler von der Verteidigung des Feldes e8 ab) 1. ... ♗:f5

2.♕c7!! (auch die Dame wird von e8 abgelenkt) 2. ... ♖:d1+ 3.♔:d1 ♗:c2+ 4.♔c1! ♗a4+ (das drohende Matt auf der letzten Reihe läßt Schwarz keine andere Wahl) 5.♕:c6 ♗:c6 6.♖e6.
Jetzt wird klar, warum Weiß im vierten Zug mit dem König nach c1 ausgewichen ist: Stände der weiße König jetzt

auf d2, könnte Schwarz nun mit dem Springer auf c4 Schach bieten, und die Figur ginge nicht verloren.
6. ... ♗b5 7.♖:b6 ♔g8 8.♖b7, und Weiß besitzt ein technisch gewonnenes Endspiel (Chalifman–Elvest, Lwow 1985).

Aufgabe 35
1. ... ♖f3!!
Weiß darf weder Dame noch Turm schlagen (2.gf ♕h2 matt; 2.♕:a2 ♖:f1 matt), doch droht 2. ... ♖:h3+. Gegen diese Drohung böte 2.♔g1 keine befriedigende Verteidigung, weil Schwarz nach 2. ... ♕a7+ 3.♔h1 ♖:f1+ 4.♕:f1 ♕d7! 5.♕f6 ♗c7 dank des drohenden Grundreihenmatts den Springer gewinnt.
2.♘b7 ♖:h3+ 3.♔g1
Nun konnte Schwarz mit 3. ... ♗h2+ 4.♔h1 ♗e5+ 5.♔g1 ♗d4+ den Schlußstrich ziehen. Er bevorzugte indes **3. ... ♕a7+ 4.♖f2 ♗g3**, wonach Weiß ebenfalls die Waffen streckte (5.♕f1 ♗:f2+ 6.♕:f2 ♖h1+ und 7. ... ♕:f2). Dieses Finale ergab sich in der Partie Pogats–Hever (Ungarn 1979).

Aufgabe 36
1.♖h8+ ♔d7

Diese Stellung schätzte Schwarz als hinreichend sicher ein. Wenn Weiß den Turm c8 schlägt, würde er die entsprechende Figur auf g7 nehmen, und falls Weiß den Turm f7 nimmt, so er eben auf h8 ...
2.♗c6+!!
Der kühne Läufer setzt sich dem Angriff von drei Figuren aus und ist dennoch unantastbar! Falls 2. ... ♘:c6, so schlägt der Turm f7 mit Schach, und auf 2. ... ♖:c6 folgt einfach 3.♖:f7. Wenn sich der König zu 2. ... ♔:c6 entschließen sollte, dann setzt Weiß mit 3.♖:c8+ ♘:c8 4.♖:f7 fort.
2. ... ♔e6 3.♖h6+ ♖f6 4.♗d7+!
Dieser aufdringliche Läufer! Schwarz muß ihn schlagen, wonach er die Qualität einbüßt. Nach **4. ... ♔:d7 5.♖:f6 ♖e8 6.♖:g5 ♘g8 7.♖g7+ ♘e7 8.♔g3 ♖h8 9.♖ff7 ♖e8 10.♔g4** ist der Rest für Weiß nur noch eine technische An-

gelegenheit (Simagin–Sagor-janski, Iwanowo 1944).

Aufgabe 37
Zum Sieg führt ein Turmopfer, durch das die weiße Dame von der Verteidigung des Punktes e3 abgelenkt wird: **1. ... ♖b1!! 2.♛:b1 ♞:e3+ 3.♚g1** (oder 3.♚h3 ♛f5+) **3. ... ♛:f3**, und Schwarz setzt im nächsten Zug matt. Diese interessante Möglichkeit ließ Botwinnik in einer Partie gegen Bouwmeester (Wageningen 1958) aus. Statt dessen zog er 1. ... d4 2.ed ♞:d4 3.♛e3 ♞e6 4.♖e5, und Bouwmeester bot nun mit dem Mehrbauern Remis an.

Hinlenkung

Aufgabe 38
Auf **1.♖d7!** gab Schwarz angesichts des Damenverlustes die Partie verloren (Thelen–Chodera, Prag 1943).

Aufgabe 39
Es geschah **1. ... ♛:g2+!**, und Weiß gab auf, ohne die Antwort 2.♚:g2 ♞f4++ 3.♚g1 ♞h3 matt abzuwarten (Kjarner–Mickow, Tallinn 1954).

Aufgabe 40
Weiß wird in drei Zügen mit der bekannten Methode **1. ... ♛g2+! 2.♚:g2 ♞f4++** und **3. ... ♞h3 matt** gesetzt (siehe Aufgabe 39). So wurde die Partie Class–Russel (Belfast 1958) beendet.

Aufgabe 41
Weiß spielte **1.g5+**, und sein Widerpart steckte auf, weil er nach 1. ... ♚:g5 durch 2.♛f4 matt wird (Ustinow–Iliwizki, Frunse 1959).

Aufgabe 42
Schwarz gewinnt die Dame für den Turm durch **1. ... ♖d1+ 2.♚g2 ♖g1+! 3.♚:g1 ♞f3+** nebst **4. ... ♞:e5** (Przepiórka-Ahues, Kecskemét 1927).

Aufgabe 43
Es droht 1. ... ♖:h2+ 2.♚:h2 ♛h5+ 3.♚g3 ♗h4+ mit anschließendem Matt. Weiß setzt seinen Gegner aber früher matt: **1.♖g8+ ♚a7** (1. ... ♗c8 2.♛b6 matt) **2.♖a8+! ♚:a8 3.♛:a6+ ♚b8 4.♛:b7 matt** (Heemsoth–Weber, Fernpartie 1973/74).

Aufgabe 44
1.♖d8+! ♚e7 (1. ... ♚:d8 2.♞:f7+ und 3.♞:e5) **2.♖:h8 ♛:g5 3.♛d2!**, und Weiß gewinnt. Auf 3. ... ♞d5 folgt 4.c4 (Tal–Benkö, Amsterdam 1964).

Aufgabe 45
Weiß bot nichtsahnend den Damentausch an, worauf **1. ... ♛f1+! 2.♚:f1 ♗d3++ 3.♚e1 ♖f1 matt** folgte (Schulten-Horwitz, 1846).

Aufgabe 46
Mit **1.♞b6!** gewann Weiß die Qualität. Schwarz darf den kek-

ken Springer nicht mit der Dame schlagen, weil er nach 2.♗a5 seine Herrscherin verlöre (Freiman–I. Rabinowitsch, Leningrad 1934).

Aufgabe 47

1.♗:e5 fe 2.♖:f7! ♔:f7 (nichts änderte 2. ... ♖:g2+ 3.♔:g2 ♔:f7 4.♔f2 usw.) **3.♘d5+** ♔f6 (man kann sich leicht davon überzeugen, daß sich Schwarz auch mit 3. ... ♔e7 4.♗:a2 a4 5.♗g8 ♔d6 6.♔f2 ♔c5 7.♔e2 b3 8.♔d2 ♔b4 9.♔c1 nicht retten konnte) **4.♗:a2.** Der Rest ist einfache Technik. Schwarz gab nach **4. ... a4 5.♗c4** ♔e7 **6.♔f2** ♔d6 **7.♔e3** ♔c5 **8.♔d3** auf (Sandler–Koops, Riga 1983).

Aufgabe 48

Schwarz zwang den gegnerischen König mit **1. ... ♖:e4!** in das Mattnetz.
2.♔:e4
Weiß stand vor einem Dilemma: Entweder schlägt er den Turm und geht daran zugrunde, oder er setzt den Kampf mit einem Springer weniger fort. Nach dem Textzug jagen die ausgezeichnet zusammenwirkenden schwarzen Figuren den König über die Brettmitte an den Rand.
2. ... ♘:c5+ 3.♔d4 ♖d8+ **4.♔c3** ♖d3+ **5.♔b4** ♖:b3+ **6.♔a5** ♘:c4 matt** (Filip–Bajar, ČSR 1957).

Aufgabe 49

1.♖a8+! ♔:a8 **2.♕a1+** ♔b8

3.♕a7+! Wenn Schwarz jetzt die Dame schlägt, wird er durch **4.♘c6++** nebst **5.♖a1+** usw. matt gesetzt (Wahls–Bjarnasson, Malmö 1986).

Aufgabe 50

1.♗h7+! ♔:h7 **2.♕:e6.** Nun ist der Punkt f7 schutzlos, weshalb Schwarz aufgab (Kasparow–Browne, Banja Luka 1979).

Aufgabe 51

Mit einem Damenopfer forcierte Weiß das Remis durch Dauerschach: **1.♕:h7+** ♔:h7 **2.hg++** ♔:g6 **3.♖h6+** ♔g5 **4.♖h5+** (Schewe–Rubinstein, Ostende 1907).
Dasselbe Opfer führte nach vorangehendem **1.g5** ♕e6 zum Matt: **2.♕:h7+!** ♔:h7 **3.hg++** ♔:g6 **4.♖h6+** ♔:g5 **5.♔f3 matt.**

Aufgabe 52

1. ... ♖e1! 2.♔:e1 (auf 2.♗b3
folgt 2. ... ♖e2+) 2. ... ♗g3
matt (Bialas–Mross, Berlin
1954).

Aufgabe 53

1. ... ♖e1+ 2.♔h2 ♖h1+!
3.♔:h1 ♕h3+ 4.♔g1 ♕:g2
matt (Uhlmann–Mädler, DDR
1983).

Aufgabe 54

Schwarz darf den Bauern nicht
schlagen. Auf 1. ... ♕:h2?
würde Weiß mit 2.♖b8+ ♔d7
3.♖d8+! fortsetzen. Falls 3. ...
♔:d8, so 4.♗b6+, und
Schwarz verliert die Dame,
während er bei 3. ... ♔e6
durch 4.♖d6 matt gesetzt wird
(Gutu–Wechsler, Bukarest
1923).

Aufgabe 55

1.♕:f7+! (der schwarze König
wird aus seiner Residenz ge-
lockt und danach verfolgt)
1. ... ♔:f7 2.♗:d5++ ♔g6
(2. ... ♔e7 3.♖f7 matt)
3.♗f7+ ♔:g5 4.♗c1+ ♔g4
5.♖f4+ ♔g5 (5. ... ♔h3
6.♖d3+) 6.♖e4 matt (Rödl–
Blümich, Wiesbaden 1934).

Aufgabe 56

1. ... ♘f5+ 2.♔d3 ♖:c3+!
3.♔:c3 ♘e3! 4.♖:f2 ♘d1+
5.♔d4 ♘:f2 mit leichtem Gewinn für Schwarz. Der weiße
König kommt nicht an die
schwarzen Bauern heran
(6.♔e5 ♘g4+), weshalb der
Nachziehende ungehindert

das Manöver ♘f2–g4–h6–f7
verwirklichen kann
(Pirc–R. Byrne, Olympiade
1952).

Aufgabe 57

1.♖:g6+! ♔:g6 (1. ... ♘:g6
2.♘:f5+) 2.♖h6+! ♔:h6
3.♘:f5+ ♔g6 4.♘:e7+ ♔f6
5.♘g8+ nebst 6.♗b3, und
Weiß besitzt einen zum Sieg
ausreichenden Materialvorteil.
So hätte die Partie Lukin–Fedorow (Leningrad 1983) ausgehen können. Weiß fand aber
diese Kombination nicht, sondern zog 1.♖c5?, wonach
Schwarz im weiteren Kampf-
verlauf Vorteil erlangte.

Aufgabe 58

Weiß besitzt einen Bauern
mehr, aber sein König ist un-
geschützt. Durch eine vereinfa-
chende Kombination löst Weiß
alle Probleme und erlangt eine
sehr vorteilhafte Stellung:
1.g5+! fg 2.♕:h7+! ♔:h7
3.♘:g5+ und 4.♘:h3, und
Weiß verfügt in dem einfachen
Endspiel über zwei Mehrbauern (Maróczy–Rubinstein, Prag
1908).

Aufgabe 59

1. ... ♖:g2+! (dieser Hinlenkung soll eine weitere nebst
Abzugsschach folgen) 2.♔:g2
♖:f2+. Nun würde Schwarz
auf 3.♗:f2 mit 3. ... e3+ fortsetzen. Weiß gab deshalb auf
(Schmid–Rossolimo, Heidel-
berg 1949).

Aufgabe 60
1.♘:g6! ♔:g6 2.♘:f5! ♖:f5

Aufgabe 61
1.♖g8+ ♔h7 2.♕e3!

3.♕:f5+!
Diese Methode kennen wir
schon: Auch hier wird der König gewaltsam aus seinem
scheinbar sicheren Versteck ge-
holt und anschließend in das
Lager des Feindes gezwungen.
**3. ... ♔:f5 4.♗e4+ ♔g4
5.h3+ ♔:g3**
Zum Sieg für Weiß führt sowohl 5. ... ♔:h3 6.♗f5+ ♔:g3
7.♖e3+ ♔h4 8.♖h3 matt als
auch 5. ... ♔h5 6.g4+ ♔h4
7.♖e3 mit der unparierbaren
Drohung 8.♗e1 matt.
6.♖e3+ ♔h4 7.♗g6! (dem
König wird der Rückzug verwehrt und die Drohung
♗d2–e1 matt aufgestellt) **7. ...
♕g5+ 8.fg ♗:e5 9.♖e4+
♔:h3 10.♗f5+ ♔g3 11.♗e1
matt** (Selinski–Skotorenko,
Fernpartie 1974).

Gegen die zwei Drohungen
3.♕:b6 und vor allem
3.♖h8+! ♔:h8 (bzw. 3. ...
♔g7) 4.♕:h6 matt besitzt
Schwarz keine befriedigende
Verteidigung. So hätte die Partie Karpow–Hübner (Montreal
1979) ausgehen können.
In der Begegnung geschah aber
1.♕c4, wonach das Spiel remis
endete.

Aufgabe 62
1.♕:c7+!! ♖:c7 2.♖:c7+
♔b8

Weiß kann nun ein Abzugs-
schach bieten (wofür er

schließlich seine Dame geopfert hat), aber wohin soll der Turm am besten abziehen? Mit 3.♖d7+ oder 3.♖c2+ wäre die schwarze Dame zu holen ...
3.♖c1+! (der Angriff wird fortgesetzt!) 3. ... ♗a7 4.♖a1+ ♗a6 5.♖a:a6+ ♔b7
6.♖eb6+ ♔c8 7.♖a8+ ♔d7
8.♖:d8+ ♔:d8 9.♖d6+, und Weiß hat einen Läufer mehr (Werlinski–I. Rabinowitsch, Leningrad 1925):

Aufgabe 63
1.♖:d6!! ♘:c4 2.♖:h6+! ♔:h6 3.♕h8+ ♔g5
Falls 3. ... ♕h7, so 4.♕f6+ ♔h5 5.♕h4 matt.

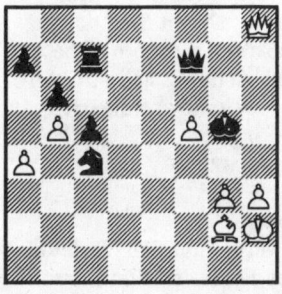

Der schwarze König wird nun durch stille Züge in das Mattnetz gezwungen. 4.♗e4! (droht 5.♕h4 matt) 4. ... ♕h7 5.h4+ ♔g4 6.♕d8! Gegen die zwei Drohungen 7.♕d1 matt und 7.♕g5 besteht keine Verteidigung (Raschkowski–Gordejew, UdSSR 1972).

Vernichtung der Verteidigung

Aufgabe 64
1. ... ♖:e5! 2.de ♘f3+ 3.♔h1
Auf 3.gf setzt Schwarz mit 3. ... ♕g5+ und 4. ... ♕h4 fort.
3. ... ♕h4 4.h3 ♗:h3 5.g3 ♕h5, und Weiß gab auf (Lee–Ribero, Olympiade 1970).

Aufgabe 65
1. ... ♖:b2+! 2.♖:b2 ♘:c3+ 3.♔a1 ♖g1+ mit Matt im nächsten Zug (Rümmler–Mikkeleit, Halle 1974).

Aufgabe 66
1.♕:f5! gf 2.♗:f5 f6 (es drohte 3.♖g4+) 3.♗e6+ ♖f7 (3. ... ♔h7 4.♗:f8+ ♔g6 5.♖g4 matt) 4.♖g4+, und Schwarz kann dem Matt nicht entrinnen (Baciu–Olteanu, Rumänien 1986).

Aufgabe 67
1.♕:e5! de 2.ef+
Auf 2. ... ♔f8 folgt 3.♗h6 matt, während 2. ... ♔d8 mit 3.f8♕+ beantwortet wird. Auf die weitere Möglichkeit 2. ... ♔d7 gewinnt Weiß mit 3.♗f5++ ♔c6 4.♗e4+ ♘d5 5.♗:d5+ (Tal–Suetin, Tbilissi 1969).

Aufgabe 68
1. ... ♘:g2! 2.♔:g2 ♖:f2+!
3.♔:f2 ♕:h2+ 4.♔e3 ♖e8+
5.♘e4
Auch durch Flucht kann sich der König nicht retten: 5.♔f3

127

♖f8+ 6.♔e3 (6.♔g4 ♝c8+)
6. ... ♕f2+ 7.♔d2 ♝f4+
8.♔c3 ♕c5 matt; bzw. 5.♔d2
♕h6+ 6.♔c3 ♝b4+ nebst
Matt.
5. ... ♝f4+ 6.♔f3
Nach 6.♘:f4 ♕:c2 wäre die
schwarze Stellung hoffnungslos. Auf 7.♖d2 folgt beispielsweise 7. ... ♖:e4+! Zum Sieg
für Schwarz führt auch 6.♔d4
♖:e4+! 7.de (oder 7.♔c5
♝e3+ 8.♔:c6 ♕d6 matt;
7.♔c3 ♝e5+ 8.♔d2 ♕h6
matt) 7. ... ♕f2+ und 8. ...
♕c5 matt.
6. ... de+ 7.de ♝:e2+. Wie
der Läufer nun auch geschlagen wird, es folgt 8. ... ♕g3
matt (A. Fernandez–Santos,
Portugal 1979).

Aufgabe 69
**1.♖:h7+! ♔:h7 2.♖:f7+ ♖:f7
3.♕:g6+.** Schwarz gab wegen
des offensichtlichen Verlustes
nach 3. ... ♔h8 4.♕:f7 ♘g5
5.e6+ auf (Boros–Szabó, Budapest 1937).

Aufgabe 70
**1.♝:c5! ♕:c5 2.♝b3+ ♔h8
3.♕f7.** Schwarz bekannte sich
geschlagen (Titkos–Yompos,
Ungarn 1985).

Aufgabe 71
1.♖:d4! cd
1. ... ♖:d5 scheitert an 2.♖:d5
(2. ... ♕:d5 3.♘h6+).
2.♘f6+ ♔f8
Das ist notwendig, weil 2. ... gf
3.♕h6 zum Matt führt.

3.♕:h7 gf 4.♖e1. Schwarz gab
auf (Dus-Chotimirski–Bannik,
Vilnius 1949).

Aufgabe 72
1.♕:c8+ (aber ja nicht
1.♕:d3? wegen 1. ... ♝:f3+
2.♝g2 ♕f2!) **1. ... ♝:c8 2.ed
♕:f3+ 3.♝g2,** und Weiß gewinnt (Uhlmann–Pähtz, Halle
1984).

Aufgabe 73
1.♘fd4! cd
Erzwungen, weil Weiß bei
einem Zug der Dame mit
2.♘c6+ fortsetzt.
2.♘:d4 ♕e8 3.♘c6+ bc
Falls 3. ... ♔a8, so 4.♘:d8
♕:d8 5.♕:a6, und auf 3. ...
♔c7 trägt Weiß mit 4.♕a5+
♘b6 5.♘:a7 den Sieg davon.
**4.♝:c6 ♕e7 5.♝b5+ ♘b6
6.♝:b6.** Schwarz gab auf (An-
drejew–Witanow, Bulgarien
1973).

Aufgabe 74
1.♖:b6!
Weiß vernichtet den Verteidiger des Feldes c4 und kommt
damit zu Drohungen gegen
den feindlichen König, durch
die er Materialvorteil erlangt.
**1. ... ab 2.♝c4+ ♔f8 3.♝g5!
♖e1+ 4.♔h2 ♔e8**
Dem Matt ist Schwarz zwar
entgangen, doch hat Weiß
nach 5.♖h8+ ♔d7 6.♖:a8
eine Figur mehr (Antoszkie-
wicz–Kewicki, Fernpartie
1978).

Räumung eines Feldes oder einer Linie

Aufgabe 75

1. ... ♘f3+. Schwarz räumt die d-Linie für den Einsatz des Turmes. Auf 2.gf setzt der Nachziehende in zwei Zügen matt. Weiß gab deshalb auf (Westerinen–Larsen, Havanna 1967).

Aufgabe 76

1.♘d5+! cd 2.♛a3+. Auf 2. ... ♔d8 folgt 3.♛d6+ ♔c8 4.♖c1+. Schwarz gab auf (Kljawin–W. Shurawlew, Riga 1968).

Aufgabe 77

Weiß räumte mit **2.♗:f7+** das Feld c4 für den Springer und gewann nach 2. ... ♖:f7 **3.♘c4** die Dame (Botwinnik–Stepanow, Leningrad 1931).

Aufgabe 78

1.f5! ♗:f5 2.♛c7!, und Schwarz gab wegen Turmverlust auf (Cramling–Martin, Barcelona 1985).

Aufgabe 79

Mit **1.d6!** machte Weiß das Feld d5 für seinen Springer frei, wonach Schwarz die Partie aufgab, weil 1. ... ♗:d6 (oder 1. ... ♘:d6) 2.♘d5 die Dame kostet (Bronstein–Medina, Göteborg 1955).

Aufgabe 80

Nach **1. ... d3!** bekannte sich Weiß geschlagen, da er auf je-den Fall Material einbüßt. Auf 2.ed folgt 2. ... ♘d4 3.♛d1 ♘:d2 (4.♛:d2 ♘f3+), während 2.♛:d3 mit 2. ... ♛:d3 3.ed ♘:d2 beantwortet wird (Demetriescu–Nagy, Fernpartie 1936).

Aufgabe 81

Dem Nachziehenden droht Matt, er kann aber durch ein Turmopfer seiner Dame das Schlüsselfeld e3 zugängig machen und zuerst matt setzen: **1. ... ♖f3+!** Auf **2.gf** (falls 2.♔g1, so 2. ... ♛e1+ 3.♔h2 ♛g3+ 4.♔g1 ♖e1+, und Schwarz setzt im nächsten Zug matt) folgte **2. ... ♛e3+ 3.♔g3** (oder 3.♔g2 ♛:f3+) **3. ... ♛:f3+,** und Schwarz sagte ein dreizügiges Matt an (Kmoch–Rubinstein, Semmering 1926).

Aufgabe 82

Für Weiß besteht die Aufgabe darin, die Dame auf die h-Linie zu bringen. Das wird durch **1.♗g6!** erreicht.

Auf das zaudernde 1.♗b1 – mit der Absicht ♛c6–e4–h4 – könnte Schwarz 1. ... ♛e5 antworten.

1. ... fg 2.♛g2! ♗:b4 (das ist erzwungen, weil 3.♛h3+ nebst 4.♛h7 matt drohte) **3.♛h3+ ♔g8 4.♛h7+ ♔f8 5.♛h8+ ♔e7 6.♛:g7+ ♔e8** (6. ... ♔d6 7.♖fd1+) **7.♛g8+ ♗f8** (7. ... ♔e7 hat 8.♛f7+ und 9.♛:e6 matt zur Folge) **8.♛:g6+ ♔e7 9.♛:e6** matt.

Zu dieser Variante konnte es in der Partie Aljechin–Rubinstein (Karlsbad 1923) kommen, wenn Rubinstein das Opfer angenommen hätte. Er wollte aber nicht forciert matt gesetzt werden und spielte deshalb 1. ... ♛e5. Nach 2.♘:f7+ ♖:f7 3.♗:f7 ♛f5 4.♖fd1! steuerte Weiß mit der Qualität und einem Mehrbauern ungefährdet dem Sieg entgegen.

Aufgabe 83

1.♖:h6+! gh
Auf 1. ... ♔:h6 spielt Weiß 2.♛g5+ ♔h7 3.♛h4+ und beendet die Partie nach 3. ... ♔g6 durch 4.f5 matt.
2.♛g8+! ♘:g8 3.♗f5 matt (Bauer–Göllner, Berlin 1956).

Aufgabe 84

Der stille Zug **1.♗e6!!** (der Läufer räumt die f-Linie und greift das Feld g8 an) zwingt Schwarz, die Partie aufzugeben. Die Dame darf wegen eines zweizügigen Matts nicht geschlagen werden. Bei anderen Erwiderungen erweist sich die letzte Reihe ebenfalls als ungedeckt (Pissarski–Markuschew, Nowosibirsk 1983).

Aufgabe 85

1.♖:d5+!
Mit diesem Qualitätsopfer schneidet Weiß dem gegnerischen König den Rückzug auf die sechste Reihe ab.
1. ... cd 2.♘d3+!
Damit wird das Feld f4 geräumt und gleichzeitig der Bauer e4 abgelenkt.
2. ... ed 3.f4 matt (Opočensky–Hromadka, Kaschau 1931).

Fesselung

Aufgabe 86

Weiß gewinnt mit **1.♛g6!**
Auf 1. ... fg würde 2.♖:f8+ ♔h7 3.h5 folgen, und Weiß setzt im nächsten Zug matt.
1. ... f5 2.ef ♗:f6 3.♖:f6.
Schwarz gab auf (Šajtar–Dietze, Prag 1943).

Aufgabe 87

Mit seinem letzten Zug hatte Weiß durch die Dame das Schachgebot gedeckt und bot gleichzeitig deren Tausch an. Auf 1. ... ♖e2! mußte er aber die Waffen strecken, weil 2.♛:c5 mit 2. ... ♖g:g2+ 3.♔h1 ♖h2+ 4.♔g1 ♖eg2 matt beantwortet wird (Bannik–Tscherepkow, UdSSR 1961).

Aufgabe 88

Nach **1.♛d3!** gab Schwarz die Partie auf. Auf 1. ... hg folgt 2.♛g6! mit anschließendem Matt (Bagirow–Matschulski, Tscheljabinsk 1975).

Aufgabe 89

Weiß gewinnt wieder durch eine Fesselung: **1.♛c7+ ♔e8 2.♛c8+.** Schwarz stellte den Widerstand ein, weil 2. ... ♔e7 mit 3.♖:d5 beantwortet wird, wonach der Turm nicht geschlagen werden darf (die schwarze Dame wäre dann angegriffen). Falls Schwarz mit 3. ... ♕h1+ (oder 3. ... ♕f1+) fortsetzt, entscheidet 4.♖d1 mit Angriff auf die Dame und der gleichzeitigen Drohung 5.♕d8 matt (Kieninger–Herrmann, Bad Oeynhausen 1940).

Aufgabe 90

Schwarz treibt zunächst den gegnerischen König ins Freie:
1. ... ♖a1+ 2.♔h2 ♕g1+ 3.♔g3 und spielt dann **3. ... ♖a3+.**
Wenn Weiß **4.♔g4** erwidert, wird die Verfolgung mit **4. ... ♕b6** fortgesetzt. Schwarz nutzt den Umstand, daß der König nicht auf die dritte Reihe zurückkehren kann, z. B. **5.♖d6** (es drohte 5. ... ♕e6+ 6.♔h4 ♕f6+ 7.♔g4 h5+) **5. ... ♕b5 6.♖d5 ♕b3.** Auf **4.♔h4** würde Schwarz auch **4. ... ♕b6** ziehen. Deshalb deckt Weiß das Schachgebot mit **4.♖d3.**

Wir folgen weiter der Partie Bogatyrjew–Sagorjanski (Moskau 1947). Schwarz fand nicht die Möglichkeit, durch die Fesselung **4. ... ♕d4!!** den Kampf für sich zu entscheiden, und spielte **4. ... ♖a7?,** wonach die Begegnung schließlich remis endete.

Aufgabe 91

1.♕d5! ♗:h3 (1. ... ♗d7 2.♕a8 matt) **2.♕a8+ ♔d7 3.♕:a7+ ♔c6** (3. ... ♔e6 4.♘d4 matt) **4.♘d4+ ♔c5 5.♖b1 ♘b3 6.♕a3 matt** (Zwetkow–Arnaudow, Sofia 1956).

Aufgabe 92

1.♗:e7 ♖:e7 (1. ... ♔:e7 2.♗:d5) **2.♖:e6!** Durch dieses zeitweilige Qualitätsopfer erlangt Weiß ein gewonnenes Bauernendspiel. **2. ... ♖:e6 3.♗:d5 ♖e8 4.cb ab 5.♖e1 ♖e7 6.♖:e6 ♖:e6 7.♔b2 ♔e7 8.♗:e6 ♔:e6 9.♔b3,** und Weiß gewinnt leicht (Below–Shalnin, Narva 1986).

Aufgabe 93

1.♕a3+ ♕e7 (1. ... ♔g8 2.♗:h7+) **2.♗c6!!** Schwarz gab auf (Evans–Bisguier, Meisterschaft der USA 1958/59).

Aufgabe 94

Schwarz darf den Turm wegen Matts auf f8 nicht schlagen. Aber auch der weiße König sieht sich angesichts seiner beengten Stellung am Brettrand in Mattgefahren. Im Moment rettet ihn nur die Fesselung des Turmes g5.

Der Kampf wird durch den feinen Zug **1. ... f5!** entschieden. Schwarz nimmt das Feld g4 unter Kontrolle, wonach Weiß nichts gegen die Drohung 2. ... ♛g3+! 3.♛:g3 ♖h5 matt ausrichten kann. Diese ausgezeichnete taktische Möglichkeit entging dem Schweizer Meister Naegeli in einer Partie gegen Aljechin (Bern 1932).

Unterbrechung

Aufgabe 95

Schwarz besitzt eine Mehrfigur, weshalb Weiß den Angriff mit starken Mitteln abschließen muß. Es gewinnt **1.♘de7!**, wodurch der schwarzen Dame das Feld g7 nicht mehr zugängig ist. Gleichzeitig wird der Läufer e6 angegriffen (Boleslawski–Dus-Chotimirski, Moskau 1942).

Aufgabe 96

1.♖e8! Dieser Zug zwingt Schwarz zur Aufgabe. Mit dem Läufer darf der Turm wegen 2.♗g8 matt nicht geschlagen werden. Folglich muß Schwarz die Dame geben – 1. ... ♛:e8 2.♗:e8 ♗:e8. Darauf setzt Weiß den Angriff mit 3.♛e6 ♗a4 (3. ... ♗g6 4.hg+ führt zum Matt) 4.♛:f5 fort. Für seine Dame hat Schwarz zwar den Turm, eine Leichtfigur

und einen Freibauern erhalten, jedoch nur für einen Augenblick. Weiß droht nämlich, den feindlichen Läufer nicht mehr nach f8 zu lassen (5.♘e7+ ♔h8 6.♛f8+ nebst Matt), weshalb Schwarz einen Läufer verliert: 4. ... ♖b8 5.♘e5+ (oder 5.♘f8+) 5. ... ♔g8 6.♛e6+ ♔h7 7.♛:d6 (Kirillow–Watnikow, Vilnius 1949).

Aufgabe 97

1. ... ♖:a4! 2.ba b3 3.♖g4 ♗e1+! (mit seinem Opfer unterbricht der Läufer die erste Reihe und ermöglicht die Verwandlung des Bauern) **4.♔:e1 b2**, und Schwarz gewann (Kotloman–Zinman, Leningrad 1985).

Aufgabe 98

Schwarz gewinnt forciert durch **1. ... ♛c2**, z. B. **2.♖b1 ♖e1 3.♛:f7+ ♔h8 4.♖dd1 ♖:c3.** In der Partie Miles–Prichett (London 1982) wurde scheinbar energischer **1. ... ♗:c3** gespielt, worauf **2.♛:f7+ ♔h8** folgte.

3. ♗e5!!

Diese Unterbrechung der großen Diagonalen und der e-Linie hat das Bild grundlegend verändert. Aufgeben mußte deshalb Schwarz!

Aufgabe 99

Dem Anziehenden droht Matt. Nach **1. ♖d5!!** wird aber klar, daß sich der schwarze König in Gefahr befindet. Auf 1. ... ♘:d5 (1. ... ♖:d5 2.ed überläßt Weiß ein gewonnenes Endspiel) wäre 2.♗d7 matt die Folge. Die einzige Antwort besteht in **1. ... ♘e2+**. Danach geht der Kampf so weiter: **2.♔h1! ♖:d5 3.ed g5 4.♗d7+ g4 5.a5 ♘c3 6.a6 ♘:d5 7.a7 ♘b6**, und Weiß setzt mit dem eleganten **8.a8♕! ♘:a8 9.♗c6** den Schlußstrich. Wenn der Springer zieht, wird Schwarz auf g2 matt gesetzt, und auf den Zug des Bauern bietet der Läufer auf d7 matt (Sergejew–Pantschenko, UdSSR 1984).

Aufgabe 100

Der Zug **1. ... ♗h3!** leitet eine weit berechnete Kombination ein. Weiß darf den Turm wegen 2. ... ♕e4 3.f3 ♕:e2 nebst Matt nicht schlagen. Deshalb antwortete Schwarz **2.♕a3**, um sich gegen die Drohung 2. ... ♕e4 mit 3.♕f3 verteidigen zu können.

Weiter folgte **2. ... ♖c8!** (vertreibt den Turm und bereitet die Unterbrechung der dritten Reihe vor) **3.♖e1** (3.♖:c8? ♕b1+)

3. ... ♖c3!

Diese Idee beruht auf der Unterbrechung. Die weiße Dame wird von ihrem Königsflügel getrennt, wonach Schwarz die eingangs genannte Drohung verwirklicht.

4.bc ♕e4 5.f3 ♕e3+ 6.♔h1 ♕f2 7.♖g1 ♕:e2 8.cd

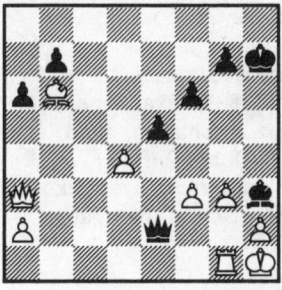

Und wie soll es nun weitergehen? Immerhin ist die Verbindung der weißen Dame mit dem Königsflügel wiederhergestellt.

8. ... e4!!

Dieser stille Zug mußte schon vorhergesehen werden, als Schwarz seinen Turm opferte. Nun droht sowohl 9. ... e3 als auch 9. ... ef nebst ♗h3–g2+.

Außerdem darf der Bauer e4 wegen Matts nicht geschlagen werden.
9.f4 e3. Weiß gab auf (Kitanow–Baum, Sterlitamak 1949).

Blockade

Aufgabe 101
Mit **1.♕g8+** zwang Weiß seinen Gegner, den eigenen König „einzumauern". Auf 1. ... ♖:g8 folgte selbstredend **2.♘f7 matt** (Unzicker–Sarapuu, Olympiade 1970).

Aufgabe 102
1.♗d5+ ♔h8 (1. ... cd 2.♕:d5+ usw.) **2.♕c3!**, und das Matt ist unausweichlich (Sgurjew–Metschkarow, Sofia 1949).

Aufgabe 103
Auf **1.♖f8+!** bekannte sich Schwarz geschlagen, denn 1. ... ♖:f8 hat 2.♕g8+ ♖:g8 3.♘f7 matt zur Folge (Nikolow–Slawtschew, Fernpartie 1963).

Aufgabe 104
1.♘eg5! fg 2.♖:d7 ♕:d7 3.♘:e5. Die Dame ist angegriffen, und gleichzeitig droht die schon mehrfach vorgeführte Methode der Blockade eines Feldes durch 4.♘f7+ usw. Schwarz gab auf (Bernstein–Metger, Ostende 1907).

Aufgabe 105
Nach der Einleitung **1.♖:e6!** ♕:e6 **2.♘g5 ♕g6** zwang Weiß den Gegner zur Verstellung seines Königs: **3.♖:h7+! ♕:h7 4.♘f7 matt** (Atkinson–N. N., Manchester 1929).

Aufgabe 106
Schwarz brauchte nicht mit Remis zufrieden zu sein. Vielmehr konnte er durch **1. ... ♖h3+ 2.♔f4 ♖f3+** (das Feld f3 wird blockiert) **3.♕:f3 ♕e5 matt** setzen (Stoltz–Pilnik, Saltsjöbaden 1952).

Aufgabe 107
Weiß droht ♕h4. Schwarz gewährt dem Gegner aber keine Zeit, diese Drohung zu verwirklichen. Es folgte **1. ... ♗:c2+! 2.♔:c2 ♘b4+ 3.♔b1** (3.♔d2 ♕:b2 matt) **3. ... ♕f5+**, und Weiß gab auf (Dextre–Blees, Ungarn 1985).

Aufgabe 108
1.♕g5+! ♗:g5 2.hg+ ♔h5 Der g-Bauer ist gefesselt. Wie soll Weiß hier zu einem Matt kommen? **3.♖h8!** Dieser stille Zug zwingt die schwarze Dame zum Verlassen der dritten Reihe. **3. ... ♕:h8 4.g4 matt** (aus einer 1962 in England gespielten Partie).

Aufgabe 109
1.♘e6+! fe (1. ... ♕:e6 2.♕h8 matt) **2.♕:g6**

Wegen der Blockierung des Bauern e7 findet der schwarze König keinen Ausweg.
2. ... ♕f6 **3.** ♖f3 ♕:f3 **4.gf d3**
5. ♔h1! Schwarz gab auf, weil er nach 5. ... d2 6. ♖g1 unweigerlich matt gesetzt wird (Gligorić–Smejkal, Manila 1975).

Aufgabe 110
In dieser Eröffnungsstellung aus dem Max-Lange-Angriff (voran gingen die Züge 1.e4 e5 2.♘f3 ♘c6 3.♗c4 ♘f6 4.d4 ed 5.0–0 ♗c5 6.e5 d5 7.ef dc 8.♖e1+ ♔f8? 9.♗g5 ♕d7?) gewinnt Weiß mit der glänzenden Fortsetzung **10.** ♗h6!! (ein sehr seltener Fall der Blokkade – Festlegung des Bauern h7) **10. ...** gh **11.** ♕d2!, wonach Schwarz dem Matt nicht mehr entrinnen kann (Eröffnungsanalyse des russischen Schachspielers Tschirjow, 1902).

Verknüpfung taktischer Methoden

Aufgabe 111
1. ♕h8+! ♔:h8 **2.** ♗f6+ ♔g8
3. ♖:e8 matt (Butnoris–Gutman, Riga 1974).

Aufgabe 112
1. ♖g8+!, und Schwarz gab auf. Falls 1. ... ♖:g8, so ist die schwarze Dame nicht mehr gedeckt, und auf 1. ... ♔:g8 folgt 2.♕g3+ ♔f8 3.♕g7+ ♔e8 4.♕g8 matt (Barczay–Erdelyi, Ungarn 1975).

Aufgabe 113
1. ... ♖:d4. Auf 2.♕:d4 folgt
2. ... ♖e1+ **3.** ♔f2 ♕:d4+
4. ♖:d4 ♖:a1. Weiß gab deshalb auf (Tunik–Weingold, Lwow 1984).

Aufgabe 114
1. ♖1:d4 (räumt dem anderen Turm die Bahn nach h5) **1. ...**
ed 2. ♕:h7+ (Hinlenkung)
2. ... ♔:h7 **3.** ♖h5 matt
(Abrossimow–Ambainis, Daugavpils 1975).

Aufgabe 115
Schwarz hatte soeben h7–h6 gezogen und nahm an, daß der Springer weichen muß. Nach der Ablenkung **1.** ♘d5! mußte er jedoch kapitulieren. Falls 1. ... ♘:d5, so wird er auf h7 matt gesetzt, und bei 1. ... ed vernichtet Weiß mit 2.♗:f6 den Verteidiger von h7.

Aufgabe 116
1. ♘f6+ ♗:f6 **2.** ♕:h6+! ♔:h6
3. ♖h3+, und Weiß setzt im nächsten Zug matt (Chevaldonnet–Blanc, Val Thorens 1977).

Aufgabe 117
1. ♖e6!
Der Turm droht, den Verteidiger des Feldes h7 zu vernichten. Wenn er geschlagen wird, dann führt Weiß den Mattangriff mit 1. ... fe 2.♕:g6+
♔h8 3.♕h6+ ♔g8 4.♗h7+
♔h8 5.♗f5+ ♔g8 6.♗:e6+
zum Erfolg.
Nach **1. ...** ♖e8 **2.** ♗:g6! strich

Schwarz die Segel (Dobias–
Podgorny, Prag 1952).

Aufgabe 118
Schwarz mußte nach **1.♖b8!**
die Waffen strecken (Rosen-
blatt–Wolk, Biel 1977).

Aufgabe 119
**1. ... ♘e4+! 2.fe fe+ 3.♔e1
♕:g3+!** Weiß gab auf, weil er
auf **4.♖:g3** mit **4. ... ♖h1+
5.♗f1 ♖h:f1+** und **6. ...
♖7f2** matt gesetzt wird (Portisch–Hübner, Bugojno 1978).

Aufgabe 120
Auf **1.♗:f7+!** (Hinlenkung des
Königs) **1. ... ♔:f7 2.♖:c8!**
(Hinlenkung der Dame) **2. ...
♕:c8** (2. ... ♕b6 wird mit
3.♕b3+ ♕e6 4.♖c7+ beant-
wortet) gerät das schwarze
Herrscherpaar durch **3.♘d6+**
in eine Gabel (Naipawer–
Kischinjuk, Ushgorod 1984).

Aufgabe 121
Es gewinnt sofort **1.♗c4!**, da
c7–c8♕ (1. ... ♔f6 2.♗:e6)
droht. Falls **1. ... ♖:c7**, so
2.♗:e6+ nebst **3.♖:c7** (Kan–
Tschernow, Jaroslawl 1950).

Aufgabe 122
**1.♗:h6! gh 2.♘e7++ ♔h8
3.♖f8+! ♕:f8** (3. ... ♘:f8 4.
♕g8 matt) **4.♘g6+ ♔g7 5.
♘:f8+ ♔:f8 6.♕g6!** Schwarz
gab auf (Blanc–Bar-On, Frankreich 1979).

Aufgabe 123
1.♗b6!
Durch die Ablenkung der
Dame von der Verteidigung
des Punktes f7 gewinnt Weiß
eine Figur. Schwarz zog es indessen vor, den Läufer zu
schlagen, wonach er matt gesetzt wurde:
1. ... ♕:b6 2.♘:h6+ ♔h8 (auf
2. ... gh geschieht 3.♕:f7+
und 4.♕g8 matt) **3.♘:f7+**
(3.♕:f7 würde Schwarz mit
3. ... ♗e7 beantworten) **3. ...
♔g8 4.♘:e5+.** Nun setzt
Weiß nach 4. ... ♔h8 mit
5.♘g6 matt, und 4. ... d5
hätte 5.♕f7+ nebst 6.♘g6
matt ermöglicht (Kinnmark–
Olivera, Olympiade 1966).

Aufgabe 124
1.♖:e5! de 2.f7+!
Der Bauer räumt die große
Diagonale, auf der die Dame
und der Läufer die Herrschaft
ausüben. Weiß kann danach
den Angriff zu Ende führen.
2. ... ♖:f7
Falls 2. ... ♗:f7, so 3.♕e5
♔f8 4.♕h8+ ♔e7 5.♗b4+
♔e6 6.♕f6 matt. Oder 2. ...
♔f8 3.♗b4+ ♖e7 4.♕:e5 mit
Matt auf h8.
3.♕:e5 ♔f8 4.♕g7+ ♔e7
(bzw. 4. ... ♔e8 5.♕g8+ ♔e7
6.♗b4+) **5.♗b4+.** Schwarz
gab auf (Panow–Makogonow,
10. Meisterschaft der UdSSR,
1937).

Aufgabe 125
1.♛c7! ♖:c7 2.ef+, und wie Schwarz den Bauern auch schlägt, er wird durch 3.♖:e8 matt gesetzt (Wolf–Burn, Ostende 1905).

Aufgabe 126
1.♛b6! (durch den Abtausch wird der Bewacher von e6 beseitigt) 1. ... ab 2.♖h8+! (der Läufer wird von der Kontrolle über das Feld h6 abgelenkt) 2. ... ♗:h8 3.♘e6+ ♔g8 4.♘h6 matt (Togonidse–Bilekne, Tbilissi 1960).

Aufgabe 127
Schwarz bekannte sich nach 1.f6! geschlagen; denn auf 1. ... hg entscheidet 2.♛g6! (Archipkin–Prodanow, Albena 1977).

Aufgabe 128
Der Läufer e3 ist gefesselt, aber mit 1.♖d8+! lenkt Weiß entweder den Turm von der e-Linie ab, schlägt dann die Dame, oder er zwingt den König in eine Gabel (1. ... ♔:d8 2.♘b7+) und gewinnt ebenfalls die Dame (Duras–Spielmann, Wien 1907).

Aufgabe 129
Das scheinbar ruhige Dame-Turm-Endspiel wird durch zwei ablenkende Opferangebote des Turmes zu einem raschen Ende geführt: 1. ... ♖a2! 2.♛c1 ♖c2! (nur so, da Weiß auf 2. ... gf+ die Antwort 3.♔f3 hätte) 3.♛e3 gf+ (Hinlenkung) 4.♛:f4 ♖:g2+, und Weiß verliert die Dame (Orew–Spiridonow, Warna 1984).

Aufgabe 130
1.♗b2! (die schwarze Dame wird nach b2 gelenkt) 1. ... ♛:b2. Hiernach lenkt 2.♖d8+ den schwarzen Läufer von ihrer Verteidigung ab. Schwarz gab deshalb auf (Lerner–Sideif-Sade, Frunse 1979).

Aufgabe 131
1. ... ♗:h6 (dieser Tausch lenkt die weiße Dame von c2 ab) 2.♛:h6 ♖a1+! Nun folgt auf 3.♔:a1 vernichtend 3. ... ♛c2! Weiß gab sich geschlagen (Gassanow–Arakelow, Baku 1960).

Aufgabe 132
Weiß hat eine Qualität und einen Bauern weniger, dafür jedoch einen drohend postierten Springer und die halboffene h-Linie. Anstelle der in solchen Stellungen oft gewählten Fortsetzung 1.♖h1 h6 2.g5 bediente sich Weiß einer Kombination, die auf einer Ab- und Hinlenkung beruht: 1.♗b5! ♛:b5 2.♘e7+ ♔h8 3.♛:h7+ ♔:h7 4.♖h1 matt (Marco–Salter, Tschernowzy 1922).

Aufgabe 133
1. ... ♛:f3! 2.gf ♖dg8+ 3.♗g3 ♖:g3+! 4.hg ♗:f3, und Schwarz setzt im nächsten Zug

matt (Johansson–Ekenberg, Schweden 1974).

Aufgabe 134
Mit der Fortsetzung 1.♖b6! erlangte Weiß entscheidenden Materialvorteil. Schwarz mußte sich von seiner Dame trennen, weil auf 1. ... ab die Standardkombination 2.♘e7+ ♔h8 3.♕:h7+ ♔:h7 4.♖h5 matt folgen würde. Ohne die Unterbrechung der sechsten Reihe wäre die Kombination unmöglich, da Schwarz auf ♖e5–h5 die Verteidigung ♕a6–h6 besäße.
1. ... ♗:d5 (oder 1. ... ♕:b6 2.♘:b6 ab 3.♕:c4 mit demselben Resultat) 2.♖:a6 ba 3.♖:d5, und Weiß gewann (Uchimura–Schain, USA 1980).

Aufgabe 135
1. ... ♖g3! Auf 2.fg (ebenso bei einem Rückzug der Dame) folgt 2. ... ♕:h2+! 3.♔:h2 ♖h6 matt. Weiß gab auf (S. Pereira–R. Pereira, Portugal 1978).

Aufgabe 136
Es bietet sich 1. ... ♗e4+ an. Aber nach 2.♔f4 wäre dem weißen König nicht beizukommen. Es entscheidet die Ablenkung der Dame mit 1. ... ♖a3!! Nach dem erzwungenen 2.♕:a3 werden Dame und Läufer von Schwarz nun leicht mit ihrer Aufgabe fertig: 2. ... ♗e4+ 3.♔f4 ♗g2+! 4.♔g5

♕:e5+ 5.♔g4 ♕f5+ 6.♔h4 ♕h3+ 7.♔g5 ♕h6+ 8.♔g4 f5 matt (Iwanow–Sweschnikow, Tscheljabinsk 1973).

Aufgabe 137
1.♗c4! ♕:c4 2.♖:g7+ ♔h8 (2. ... ♔:g7 3.♗:e5+) 3.♗:e5! ♕:c2 4.♖f8+ ♖:f8 5.♖:g6+, und Schwarz kann dem Matt im nächsten Zug nicht mehr entgehen (Taimanow–N. N., Simultanpartie 1964).

Aufgabe 138
Es gewinnt 1.♖c1! (Schumow–Winawer, Petersburg 1875).

Aufgabe 139
1.♘h5! gh 2.♘e6! fe 3.♖g5+ ♔f7 4.♕g6 matt (Bjorquist–Timman, Fernpartie 1971/72).

Aufgabe 140
1. ... ♖:d3! 2.cd ♗g5!, und Weiß gab auf (Schamajew–Ufimzew, Leningrad 1949).

Aufgabe 141
1.♗d8!
Hinlenkung der Dame mit gleichzeitiger Räumung der g-Linie.
1. ... ♕a6 (1. ... ♕:d8 2.♘:e6+) 2.♖:g7! ♔:g7 3.♕g5+ ♔f8 4.♗e7+ ♔e8 5.♗d6 ♘f6
Schwarz hat keine andere Verteidigung gegen das Matt. Falls 5. ... f6, so 6.♕g6+ und 7.♘:e6 matt.
6.♕:f6. Das Spiel ist entschieden. Schwarz zog noch 6. ...

♛b7 7.♘c6 ♗:c3+ 8.bc ♔d7
9.♘a5, ehe er doch aufgab
(Urzica–Ghinda, Rumänien
1975).

Aufgabe 142

1.♗f8! (die h-Linie wird geräumt) 1. ... ♖:f8 (auf 1. ...
♘h5 schlägt Weiß den Bauern
auf e7 und erlangt Gewinnstellung) 2.♖:h8+ (nun wird der
König auf die h-Linie gelenkt)
2. ... ♔:h8 3.♛h6+ ♔g8

4.♘d5! (die Ablenkung des
Springers f6 nimmt Schwarz
den Verteidigungszug ♘f6–h5:
4. ... ♘:d5 5.♖h1 nebst Matt.
Gleichzeitig droht 5.♘:e7
matt. Schwarz gab auf (Mann–
Vajthó, Fernpartie 1983).

Aufgabe 143

1. ... ♗g1+! 2.♛:g1 ♛e2+
3.♛g2 ♛:g2+ 4.♔:g2 ♗e4+
5.♔f2 ♗:b7 mit völlig ausge-
glichenem Endspiel (Lilienthal–Tolusch, Pärnu 1947).

Aufgabe 144

Schwarz gewann mit 1. ...
♖e1! Auf 2.♗:e1 ♘b2! sind

gleichzeitig Dame und Turm
f1 (mit Matt!) angegriffen. Da
sich Weiß zuerst um die Mattdrohung sorgen muß, verliert
er die Dame (Jones–Dueball,
Olympiade 1974).

Aufgabe 145

In dieser Stellung steckte Weiß
die Partie auf, weil er keine
Parade gegen die Drohung
♖c5–c1+ fand. Indessen gab
es eine Verteidigung. Mehr
noch, indem Weiß die d-Linie
mit 1.♖d6!! unterbricht, kann
er sogar gewinnen! Auf 1. ...
cd folgt 2.f7, und 1. ... ♖:d6
läßt die letzte Reihe ungedeckt: 2.g8♛+ ♔d7 (2. ...
♖d8 3.♖:d8+ ♔:d8 4.f7)
3.♛f7+ ♔c6 4.♛e8+ ♔b6
5.♛e3! ♔c6 6.♛:c5+ ♔:c5
7.f7, und Schwarz könnte aufgeben (zu diesem Finale hätte
es in der Partie Torre–N. N.,
New York 1924, kommen können).

Aufgabe 146

1. ... ♗d7 (der weiße Läufer
wird von der Verteidigung des
Feldes f3 abgelenkt) 2.♗:d7
♛f3+ 3.♔g1 ♖:g3+, und
Weiß gab auf wegen 4.hg
♛:g3+ 5.♔h1 ♛h3+ 6.♔g1
♖g8 matt (Adorjan–Miles, Li-
nares 1985).

Aufgabe 147

1.g6! hg 2.♖:d8! ♖:d8 3.♘g5
♛f8
Auf 3. ... ♛f6 gewinnt 4.♛g3,
weil Weiß nach dem Rückzug

der gegnerischen Dame mit 5.♕h4+ und 6.♕h7 matt setzt.
4.♕e4. Schwarz gab auf (Kaválek–Bednarski, Olympiade 1972).

Aufgabe 148
1.♗g5! hg 2.♘:e5. Schwarz mußte sich geschlagen bekennen (Lukownikow–Sergejew, Woronesh 1974).

Aufgabe 149
1. ... ♖:e7! (Schwarz vernichtet jene Figur, die das für die bevorstehende Operation wichtige Feld g8 kontrolliert) 2.♕:e7 ♕:f3! 3.gf ♖g8+ 4.♔f1 (4.♔h1 ♘:f2 matt) 4. ... ♗a6+ 5.♖e2 ♘d2+ 6.♔e1 ♘:f3+ 7.♔d1 (7.♔f1 ♖g1 matt) 7. ... ♖g1+, und Schwarz setzt im nächsten Zug matt (Stalflinga–Grahn, Dänemark 1974).

Aufgabe 150
1.♖:b6! ab 2.♗c4 ♗e6 3.♖:e6! fe
Falls 3. ... ♖:e6, so 4.♘:e6 fe 5.♕e3 ♔f7 6.♕f3+ ♔g8 7.♕e4 ♔f7 8.♗:e6+! ♕:e6 9.♕:b7+ ♔f6 10.♕:a8 mit leichtem Gewinn.
4.♕f4 ♕d7 5.♗b5. Schwarz gab auf (Tschiburdanidse–Malanjuk, Odessa 1982).

Aufgabe 151
1. ... ♖:h2+! 2.♔:h2 ♕h5+ 3.♔g3 ♗h4+ 4.♔:f4 (oder 4.♔h2 ♗:f2+) 4. ... ♕f5 matt

(Smirnow–Schubin, Petropawlowsk–Kamtschatski 1977).

Aufgabe 152
1.♗:h7+ ♔:h7 2.♖:d6! (auf dieser Ablenkung des Läufers von der Verteidigung des Punktes g7 beruht die Idee der Kombination) 2. ... ♗:d6 3.♖h4+ ♔g8 4.♖h8+! ♔:h8 5.♕h6+ ♔g8 6.♕:g7 matt (Sacharow–Tscherepkow, Alma-Ata 1969).

Aufgabe 153
1. ... ♘f3+! Auf 2.♘:f3 folgt 2. ... ♕:f3!, und Weiß wird unweigerlich auf g2 oder der ersten Reihe matt. Auch 2.♖:f3 macht die erste Reihe schutzlos (2. ... ♖d1+). Weiß gab auf (Petursson–Agdestein, Reykjavik 1985).

Aufgabe 154
1.♗f5! ♕d8
Das ist erzwungen, weil ein Schlagen des Läufers in jedem Falle zum Matt führt: 1. ... ♕:f5 2.♕:f8+! ♔:f8 3.♗h6+ ♔g8 4.♖e8 matt oder 1. ... gf 2.♕g5+ ♔h8 3.♕f6+ ♔g8 4.♗h6 usw.
2.♗g5 f6 3.♗:g6 ♕d7
Wieder ein erzwungener Zug. Falls 3. ... hg, so 4.♕:g6+ ♔h8 5.♖e8!
4.♗:f6 ♖:f6 (4. ... hg 5.♕h8+ und 6.♕g7 matt; 4. ... ab 5.♖e7) 5.♖e8+ ♕:e8 6.♕:h7+ ♔f8 7.♕h8+ und Matt im nächsten Zug (Tschudinowskich–Nikulin, Kirow 1982).

Aufgabe 155
1.b4! (das Bauernopfer lenkt die Dame von der Deckung des Feldes h5 ab) **1. ... ♛:b4**

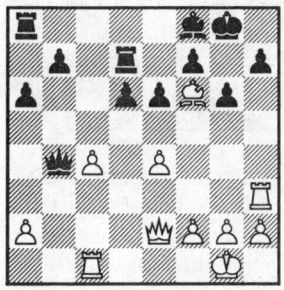

2.♕h5 gh (2. ... h6 3.♕:h6!) **3.♖g3+ ♝g7 4.♖:g7+ ♔f8** (4. ... ♔h8 5.♖g6 matt) **5.♖:h7**, und der Nachziehende kann das Matt nicht mehr verhindern (Archipkin–Kusnezow, Kiew 1980).

Aufgabe 156
1.♝g6+!! ♖:g6
Wenn Schwarz das Opfer mit 1. ... ♔d7 ablehnt, würde er sich nach 2.♝:h5 auch nicht mehr lange halten können. **2.♕:h5 ♔f7 3.♖f1+ ♝f6**

4.♖:f6+! gf 5.♕h7+ ♔g7 6.♕:g7+ ♔:g7 7.♘:e6+ ♔f7 8.♘:c7, und Weiß gewann (Tanin–Maximow, Kislowodsk 1949).

Aufgabe 157
1.♘:e5! ♝:e2 2.♘d7+ ♔e8

3.♘b8+! (Unterbrechung der achten Reihe) **3. ... c6**
Bei 3. ... ♛:b5, 3. ... ♝:b5 oder 3. ... ♔f8 folgt 4.♖d8 matt.
4.♘d6+ ♔f8 5.♘d7 matt (Najdorf–N. N., Buenos Aires 1942).

Aufgabe 158
1.♖f3! (um die schwarze Dame von g7 abzulenken) **1. ... ♕:f3 2.♕g7+ ♔h5**

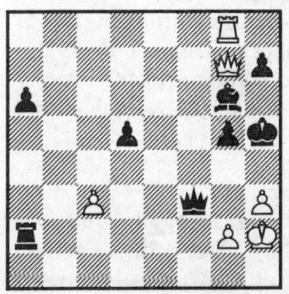

3.♕:g6+! hg 4.♖h8 matt
(Cortlever–van der Weide, Beverwijk 1968).

Aufgabe 159
Für das Manöver ♗a4–b5–a6
oder ♕d1–d3–a6 hat Weiß
keine Zeit, da er die Drohung
g4:h3 beachten muß. Weiß
kann aber durch Opfer seine
erste Reihe räumen, den wichtigen Verteidiger des Punktes
b6 ausschalten und eine unparierbare Mattdrohung aufstellen: **1.♘h6! ♖:h6 2.♕:d4 ed
3.♖fb1.** Schwarz bekannte sich
geschlagen (Schuppler–Hönig,
Mannheim 1948).

Aufgabe 160
1. ... ♗:e4! 2.♖:e4 ♖a8!!,
und Schwarz trägt den Sieg davon (Schofman–Iliwizki,
Swerdlowsk 1945).

Aufgabe 161
Schwarz setzt in fünf Zügen
matt: **1. ... ♖h1+** (Ablenkung
des Springers zwecks Freilegung der Diagonale b8–h2)
2.♘:h1 ♗h2+! (Hinlenkung)
**3.♔:h2 ♖h8+ 4.♔g3 ♘f5+
5.♔f4 ♖h4 matt.**
So hätte die Partie Schiffers–
Tschigorin (Petersburg 1897)
enden können. Anstelle von
1. ... ♖h1+ hatte Tschigorin
aber 1. ... b6 gezogen.

Aufgabe 162
**1.♘f6+ gf 2.♕g6+ ♔h8
3.♕:h6+ ♔g8 4.♕g6+ ♔h8
5.♕:f6+ ♔h7**

6.e4! (der schwarzfeldrige Läufer wird ins Spiel gebracht)
6. ... ed (Schwarz hat keine
andere Verteidigung) **7.♕h6+
♔g8**
Bis hierher war alles relativ
einfach. Nun aber beantwortet
Schwarz 8.♗g5 mit 8. ... ♗e7.
Auf 9.♕g6+ ♔h8 10.♗f6+
♗:f6 11.♕:f6+ rettet ihn
11. ... ♔h7, weil er auf
12.♖d3 mit 12. ... ♕e7! und
bei 12.♕h4+ ♔g7 13.♖d3
mit 13. ... ♘e5 fortsetzen
kann.
Die stärkste Fortsetzung besteht aber in **8.f4!** Schwarz hat
dann angesichts der Drohung
9.♖d3 nur die Antwort **8. ...
♘e5,** worauf **9.♕g5+** (9.fe?
♕:e5) **9. ... ♔h7 10.♕h4+
♔g8** folgt.
Jetzt bestand die schönste und
energischste Angriffsführung in
11.f5! Auf 11. ... ♗e7 könnte
Weiß dann mit 12.♕g3+ ♔h7
13.♕:e5 weiterspielen.
Für den Sieg reichte aber auch
das einfache **11.fe ♕:e5
12.♖d3 ♗e6** aus.
Mit 12. ... ♕g7 13.♗h6 ♕g4
14.♕f6 oder 13. ... ♗e7 (an-

stelle von 13. … ♛g4)
14.♛:e7 ♛:h6 15.♖g3+ ♔h8
16.♗:f7+ kann sich Schwarz
ebenfalls nicht retten.
13.♖g3+ ♛:g3 14.hg ♗:c4
15.♛g5+ ♔h7 16.♛h5+ ♔g7
17.e5. Schwarz gab auf (Wais-
ser–Kneževič, Trnava 1983).

Aufgabe 163

1.♘c5! dc
Auf 1. … ♖c7 setzt Weiß mit
2.♘:d7 ♖:d7 (2. … ♖:c6
3.♘:b8; 2. … ♛c8 3.♘f6++
♔e7 4.♛:d6+) 3. ♖a8 fort.
2.♗f4! ♗d6
Falls 2. … ♛:f4 (2. … e5
3.♗:e5), so 3.♛c8+ ♔e7
4.♛:b7 ♔f6 5.♖:d7 ♔g6 6.g3
♛f5 7.♖a7, und die Schwerfiguren vernichten Schwarz.
3.♗:d6 ♖b6 4.♛:d7+.
Schwarz gab auf (Smyslow–
Kottnauer, Groningen 1946).

Aufgabe 164

1.♛g3+ ♔:h6 (die Annahme
des Opfers ist erzwungen, weil
Schwarz anderenfalls nach
1. … ♔f8 2.♛g8+ den Turm
verliert) 2.♔h1! (das Feld g1
wird für den Turm geräumt)
2. … ♛d5 (es verlor 2. … c2
wegen 3.♖g1 mit der Drohung
4.♛h4 matt) 3.♖g1 ♛:f5
4.♛h4+ ♛h5 5.♛f4+ ♛g5
6.♖:g5 fg 7.♛d6+
Schwarz kommt nicht zu
c3–c2, da der Springer entweder mit Schach oder unter
Mattdrohung fällt.
7. … ♔h5 8.♛:d7, und Weiß
gewann (Pillsbury–Tarrasch,
Hastings 1895).

Bauernumwandlung

Aufgabe 165

1. … ♖f1+ 2.♗:f1 ♛e4+!
3.♛:e4 ef♛ matt (Rutschjow–
Eidelson, Tbilissi 1976).

Aufgabe 166

1. … e3+ 2.♔f1

Nun folgt auf 2. … ♗c4+?
einfach 3.♖:c4+, und Weiß
gewinnt. Jedoch sichert das
Ablenkungsopfer 2. … ♗g2+!
die Umwandlung des Bauern:
3.♔:g2 (3.♔e2 ef) 3. … e2
4.a6 e1♛, und Schwarz kam
nach 5.♖a2 ♛e4+ 6.f3 ♛b1
7.♖a5+ ♔b4 8.a7 ♛g1+
leicht zum Sieg (Hradeczky–
Hardicsay, Ungarn 1980).

Aufgabe 167

1. … ♛d1! 2.♘:b6 (auf
2.♖:d1 entscheidet 2. … e2+)
2. … ♖c1! Jetzt antwortet
Schwarz auf 3.♔f1 einfach
3. … e2+. Weiß gab auf (Ar-
nold–Duras, Prag 1920).

Aufgabe 168

Der Zug 1. … c5 wird mit
einer Dame-Springer-Opfer-

kombination widerlegt: **2.dc!**
♕:e5 (2. ... bc 3.♖:c5) **3.cb!**
♖:c3 **4.ba!** ♖:c2 **5.♖:c2**, und
drei schwarze Figuren können
nicht die Umwandlung des
Bauern verhindern (Partievariante aus der Begegnung Kotow–Ragosin, 17. Meisterschaft
der UdSSR, 1949).
In der Partie deckte Schwarz
den Bauern durch 1. ... ♖ac7.

Aufgabe 169
**1.♕f3!! ♔:f3 2.gf ♖:f1+
3.♔g2** mit Gewinn (Variante
aus der Partie Bone–Zuidema,
Zürich 1962).

Aufgabe 170
**1.♗c2+ ♔g8 2.♖f8+! ♖:f8
3.♗b3+**, und Schwarz gab auf
(Dikchit–Kalianasoundaram,
Indien 1961).

Aufgabe 171
Nach **1.♖:f2 gf 2.♖:f5! ♔:f5
3.g4+** (der entscheidende
Tempogewinn) **3. ... ♔:g4
4.♔g2** schlägt Weiß den Bauern f2 und siegt (Alje-
chin–N. N., Moskau 1919).

Aufgabe 172
1.♖g5!! hg
Wenn Schwarz dieses Opfer
ignoriert und das Umwand-
lungsfeld des Bauern mit 1. ...
♖g8 blockiert, stellt Weiß den
Turm mit 2.♖g6 ein weiteres
Mal in den Angriff und setzt
auf 2. ... fg durch 3.f7 seinen
Bauern in Bewegung. Damit ist
die Umwandlung eines Bauern

gesichert. Wenn Schwarz das
Opfer auf g6 jedoch nicht annimmt, schlägt Weiß mit dem
Turm den Bauern h6 und fährt
mit ♖h6–h8 fort.
**2.h6 b4 3.h7 bc+ 4.♔c1 ♖ab2
5.♖:b2 cb+ 6.♔b1 ♗a4
7.♗d1** (sonst geschieht 7. ...
♗:c2+) **7. ... f3 8.h8♕.**
Schwarz gab auf (Panow–Sagorjanski, Moskau 1951).

Aufgabe 173
Um Weiß ist es schlecht be-
stellt. Es folgte **1. ... e2!
2.♗:f2**

2. ... ♗e3!!
Dieses Ablenkungsopfer garan-
tiert die Umwandlung des Bauern (Woizechowski–Sandler,
Riga 1982).

Wundersame Rettung

Aufgabe 174
Weiß besitzt einen Turm mehr,
aber der Nachziehende rettete
sich ins Remis, indem er mit
1. ... ♕c1+ seine Dame zum
Schlagen anbot (Titenko–Murei, Moskau 1961).

Aufgabe 175
Der König von Schwarz steht patt, und sein einziger Bauer ist blockiert. Durch ein Damenopfer rettet Schwarz die schlecht stehende Partie: 1. ... ♛g4+! 2.♔h6 ♛g5+ (dasselbe hätte Schwarz auf 2.♔f6 gespielt). Zu diesem Finale kam es in der Begegnung Portisch–Lengyel (Malaga 1964).

Aufgabe 176
1. ... ♜:g3+! 2.♔f1
Falls 2.♔:g3, so 2. ... ♛:h4+, und auf 2.fg führt 2. ... ♛b2+ mit nachfolgendem Damenopfer zum Remis.
2. ... ♛a1+ 3.♔e2 ♜e3+ 4.♔:e3 ♛e1+ 5.♔f3 ♛e3+ 6.♔:e3 **patt** (Danielsson–Lange, Olympiade 1952).

Aufgabe 177
1. ... h3+ (Hinlenkung) 2.♔:h3

2. ... ♛f5+! 3.♛:f5 ♜:g3+! 4.♔h4 ♜g4+. Den Schachgeboten auf g3 und g4 kann Weiß nur entgehen, wenn er den Turm schlägt, aber dann

ist Schwarz patt (Tiberger–Drelikiewicz, Polen 1970).

Aufgabe 178
Nach 1.♗:e4+ fe 2.♜e5+! (nicht 2.♜:e4?? wegen 2. ... ♜e2+) 2. ... ♔d6 (natürlich stände Weiß patt, wenn der Nachziehende den Turm geschlagen hätte) 3.♜:e4 ist ein theoretisches Endspiel entstanden, in dem Turm und Springer gegen den Turm nicht gewinnen können (Lissizyn–Bondarewski, Leningrad 1950).

Aufgabe 179
Weiß rettet die Partie durch 1.♜h7+ ♔g3 2.♜e7!! ♜d8 3.♜d7! (nach Salvio, 1634).

Aufgabe 180
Auf 1. ... ♛c6+ 2.♔f5 hilft sich Schwarz mittels 2. ... ♞g7+! 3.♗:g7 ♛g6+! aus der Not; denn wie Weiß die dreiste Dame auch schlägt, der Nachziehende wird in jedem Falle patt (Pietzsch–Fuchs, Berlin 1963).

Aufgabe 181
1. ... ♗:g4! 2.♜:g4 (auf 2.♔:g4 folgt 2. ... f5+ 3.♔h4 ♜:f4+ 4.♔:f4, und Schwarz ist patt) 2. ... f5 3.♜g8 ♜:f4+ 4.♞:f4 patt (Luik–Hindre, Tallinn 1955).

Aufgabe 182
1. ... ♞f2+! 2.♗:f2 (aber nicht 2.♔h2? ♛:h4+ 3.♔g1 ♛g3+) 2. ... ♛h3+! 3.♔g1

145

(3.♗:h3 patt) **3. ... ♕g4+**
4.♔h2 ♕h3+ remis (J. Rodriguez–Waisman, Bukarest 1974).

Aufgabe 183
1.♘f5+! gf 2.♖:h7+! ♔:h7
3.♕:f5+ ♔g7
Nach h6 darf sich der König wegen 4.♖h8+ ♔g7 5.♖h7+ ♔g8 6.♕g6+ ♔f8 7.♖h8 matt nicht begeben.
4.♕:g4+ ♔f6 5.♕f4+ ♔g7
6.♕g4+ ♔f6 7.♕f4+ mit Dauerschach (Speelman–Ree, Lone Pine 1978).

Aufgabe 184
Weiß erreicht mit dem listigen Zug **1.h4!!** (droht Patt durch 2.♕g8+) den rettenden Remishafen (Shdanow–Pigits, Riga 1953).

Aufgabe 185
1.♘d6+! ♕:d6
1. ... ♔a7? hätte 2.♕f7+ zur Folge.
2.♖e7+ ♕:e7 3.♕c7+!, und Weiß hat Remis erzwungen (Goldin–Rjabow, Nowosibirsk 1972).

Aufgabe 186
Schwarz konnte sich mit dem eleganten Zug **1. ... ♖a7!!** retten (diese Möglichkeit wurde in der Partie Reschewski–Boleslawski, Zürich 1953, ausgelassen), zog statt dessen aber
1. ... ♗c5? 2.♖d8+ ♗f8
3.♖db8 und gab sich geschlagen.

Aufgabe 187
Weiß erreichte mit **1.♖e8+!**
♘:e8 **2.♕h7+! ♔:h7 3.♘f8+**
♔h8 **4.♘g6+** nebst Dauerschach die Punktteilung (Neumann–N. N., 1956).

Aufgabe 188
Dem Anziehenden droht Matt durch ♕c1–h1+ usw., doch der Kampf ist noch im Gange.
1.♕f8+ ♔f6 2.♕h8+ ♔f5

Wie soll es nun weitergehen?
3.g4+! hg (nicht 3. ... ♔e4?? 4.♖d4 matt). Jetzt, nachdem der weiße König keinen Zug mehr hat, brauchen sich seine restlichen Schwerfiguren nur noch schlagen zu lassen:
4.♖d5+! ed 5.♕c8+! ♕:c8, und Weiß ist patt (Zazdis–Zemidis, Riga 1936).

Aufgabe 189
1.♖:g6+! hg (auf einen Königszug geschieht 2.♕g4)
2.♖d8+! ♖:d8 3.♕b3+ ♔h7
(ein schwarzes Feld darf der König nicht betreten, weil sonst ein Abzugsschach mit Damenverlust folgt) **4.♕f7+**

♔h8 5.♕f6+, und Weiß hat kunstvoll Remis erreicht (Variante aus der Partie Panow–Abramow, Moskau 1949).

Aufgabe 190

Wenn sich Weiß an dem feindlichen Läufer vergreift, trüge Schwarz den Sieg davon: 1. ... ♕g4+ 2.♔h1 ♕f3+ und 3. ... ♖d5.

Weiß rettet die Partie aber mit dem paradox aussehenden Zug 1.♗g6!! Dank dem Bauern c5 kommt Weiß nach 1. ... fg mit 2.♕h8+ ♔f7 3.♕h7+ zum Dauerschach. So endete die Begegnung Gotgilf–Rosental (Leningrad 1934).

Wenn Schwarz indessen das Opfer ablehnt und das Matt mit 1. ... ♖d7 deckt, dann hat er sich selbst um das wichtige Manöver ♖d8–d5 gebracht. Weiß könnte einfach den Läufer auf g2 schlagen, wonach sich schon Schwarz mit Dauerschach auf den Feldern g4 und f3 begnügen müßte.

Aufgabe 191

Zum Sieg führt 2. ... ♖g4! Bevor Schwarz den Bauern h2 nimmt, muß er diesen Zug tun, da Weiß auf 2. ... ♖:h2 zu einem effektvollen Remis kommt: 3.♖:g8 ♔:g8 (3. ... ♖h1+? 4.♖g1) 4.♖g3+! ♕:g3 (auf 4. ... ♔f8? würde Schwarz durch 5.♕d6+ und 6.♖g8 matt gesetzt) 5.♕b8+! ♔g7 6.♕g8+! 3.♖h3 ♖c1+ 4.♔e2 ♖e1+

5.♔d3 ♖:e5 6.de ♖:f4 7.♖:h4+ ♖:h4, und Schwarz hat ein leicht gewonnenes Turmendspiel (Variante aus der Begegnung Taimanow–Geller, 19. Meisterschaft der UdSSR, 1951).

Examen Ihrer taktischen Schlagfertigkeit

Aufgabe 192

1. ... ♖e1+ 2.♔h2. Jetzt darf Schwarz nicht 1. ... ♖:b1 ziehen, weil der Turm auf e8 angegriffen ist. Aber mit 2. ... ♕g6! kann er gleichzeitig den Punkt g2 und den Turm b1 angreifen. Weiß gab auf (Fond–Bibli, Los Angeles 1983).

Aufgabe 193

1.f6! ♗:f6 2.♖:f6 ♕:f6 3.♗g5, und Schwarz bekannte sich geschlagen (Najdorf–Bolbochan, Argentinien 1965).

Aufgabe 194

1.♘f6+! gf 2.♕g4+ ♔h8 3.♔g2! Der König räumt seinem Turm das Feld h1. Schwarz gab auf (Spielmann–Landau, Niederlande 1932).

Aufgabe 195

1.♕h7+! ♘:h7 2.♘hg6+ ♔g8 3.♘:e7+ ♔h8 4.♘5g6 matt (Majewskaja–Kirijenko, Shitomir 1974).

Aufgabe 196

Weiß setzt in drei Zügen matt:
1.♖h8+! ♗:h8 2.♕h7+ ♔f8
3.♕:h8 matt (Mowsejan–Kusmin, Leningrad 1985).

Aufgabe 197

Es folgte 1.♖:g7+!, und Schwarz streckte die Waffen. Auf 1. ... ♔:g7 würde Weiß mit 2.♕g4+ ♔h8 (2. ... ♔h6 3.♕h4+ und 4.♕:h7 matt) 3.♕f5 nebst 4.♕:h7 matt setzen (Palatnik–Geller, Rostow 1980).

Aufgabe 198

1. ... ♘f3+! Weiß hielt die Uhr an. Auf 2.gf entscheidet 2. ... ♗d4, während Schwarz bei 2.♔h1 mit 2. ... ♕:f2 3.♖:f2 ♘g3 matt den weißen König zur Strecke bringt (Wassiljew–Jerofejew, Puschkin 1985).

Aufgabe 199

2.♗:e5 fe 3.♕d5+! Dieser Damentausch zwingt Schwarz zur Aufgabe; denn auf 3. ... ♕:d5 4.♘:e7+ und 5.♘:d5 würde er eine Figur einbüßen (Miles–Timman, Amsterdam 1985).

Aufgabe 200

1.♗:h7+! ♔:h7 2.♖:f7 ♖g8 Auch der Einschub von 2. ... ♖:f7 3.♖:f7 ändert nichts, da Weiß auf 3. ... ♖g8 mit 4.♕h3+ das Matt erzwingt. 3.♕h3+ ♔g6 4.♕f5+ ♔h6 5.♗e3+, und Schwarz kann dem Matt nicht entrinnen

(Bednarski–Adamski, Slupsk 1978).

Aufgabe 201

Der weiße Springerzug wird mit 1. ... ♘f3+! 2.gf ♗:f2+ 3.♔d2 ♕e3+ 4.♔c2 ♗f5+ und Matt im nächsten Zuge widerlegt. Zu diesem Finale hätte es in der Partie Lundgren–Pared (Malmö 1983) kommen können. Schwarz ließ diese Gelegenheit aber aus. Statt dessen geschah 1. ... ♕a5+ 2.♗d2 ♘e4(!) 3.♘:c5 (falls 3.♗:a5?, so 3. ... ♘f3+ und 4. ... ♗:f2 matt) 3. ... ♕:c5 4.♘:d4 ♕:d4 5.♕e2 ♕b2, und der Nachziehende realisierte schließlich seinen Vorteil.

Aufgabe 202

Das Beispiel ähnelt sehr den berühmten Aufgaben Stammas. Weiß gewinnt, indem er seinem Kontrahenten nicht die geringste Atempause läßt:
1.♗b7+! ♕:b7 2.♕e8+ ♔a7 3.♗d4+, und Schwarz muß seine Dame hergeben, weil er auf 3. ... ♔a6 mit 4.♕a4 matt gesetzt würde (Fricker–De Vita, Catanzaro 1979).

Aufgabe 203

1.♘f6+ gf
Auf 1. ... ♗:f6 2.ef ♕:f6 gewinnt Weiß durch 3.♗g5 den Läufer d7.
2.ef ♗:f6 3.♗e4 ♖e8
4.♕:h7+ ♔f8 5.♗g6!
Der Kampf geht zu Ende.

148

Schwarz darf den Läufer wegen 6.♗h6+ nicht schlagen. Falls 5. ... ♗g7, so 6.♗h6 ♕f6 7.♖:d7 ♘e7 (7. ... fg 8.♕h8 matt) 8.♕h8+ ♘g8 9.♕:g7+ ♕:g7 10.♖:f7 matt (Reschewski–Matsumoto, Siegen 1970).

Aufgabe 204
Der Mut des Nachziehenden wurde nicht belohnt. Auf 3.♖d8+! mußte sich Schwarz wegen des unausbleiblichen Matts geschlagen geben: 3. ... ♖:d8 4.♖:d8+ ♔:d8 5.♕g8+ usw. (Juarez–Sanguinetti, Rio Hondo 1950).

Aufgabe 205
Weiß gewinnt mit 1.♖:f7 ♖:f7 2.♕:c7! (Ahues–Leopold, Dresden 1903).

Aufgabe 206
Der Abzugsangriff 1.♘d5! zwingt Schwarz zur Aufgabe. Es scheitert 1. ... ♕:d2 an 2.♘e7 matt, während anderenfalls seine Dame verlorenginge (Bontsch-Osmolowski–Ragosin, Lwow 1951).

Aufgabe 207
Der Nachziehende streckte nach 1.♘g5! die Waffen. Wenn der kecke Springer geschlagen wird, gewinnt Weiß mit 2.♖h3. Auch mit g7–g6 kann sich Schwarz nicht aus der Schlinge ziehen, weil der Bauer f7 gefesselt ist (Ivkov–Džurić, jugoslawische Meisterschaft 1983).

Aufgabe 208
1.♗:f6 ♗:f6 2.b4! ♕:b4 3.♘d5 ♕:d2 4.♘:f6+. Nun verbietet sich die Antwort 4. ... ♔g7, weil der Turm mit Schach geschlagen würde, und auf 4. ... ♔f8 (4. ... ♔h8) 5.♘:d2 ist Schwarz mit einer Figur im Nachteil (Pietzsch–Rittner, Berlin 1957).

Aufgabe 209
1. ... ♘g4+! 2.hg (auf 2.♔g2 setzt Schwarz mit 2. ... ♗:d4 3.♕:d4 ♘e5 fort) 2. ... hg 3.f3 ♗:d4 4.fg (4.♕:d4 ♖e2+) 4. ... ♘c3 mit Gewinn (Variante aus der Partie Jegin–Gusseinow, Taschkent 1985).

Aufgabe 210
1. ... ♘f3+! 2.gf ♕g6+ 3.♔h1 ♘g3+ nebst 4. ... ♕:c2. Weiß hat für die verlorene Dame keine ausreichende Kompensation (Ljublinski–Baturinski, Moskau 1945).

Aufgabe 211
Der schwarze König wird auf dem Feld h7 zur Strecke gebracht: 1.♖h8+! ♔:h8 2.♖:c8+ ♖:c8 3.♕h3+ ♔g8 4.♕:c8+ ♖f8 5.♕e6+ ♔h8 6.♕h3+ und Matt im nächsten Zug (Benini–Reggio, Rom 1911).

Aufgabe 212
· 1.♘h5! gh (auf 1. ... ♗h8 entscheidet 2.♘g5) 2.♘g5 ♗:g5 3.♕:g5+ ♔h7 4.♕:h5+ ♔g7 5.♕g5+, und Schwarz wird

nach 5. ... ♔h7 6.♖f3 usw. matt gesetzt (Pinter–Hardicsay, Ungarn 1974).

Aufgabe 213
1. ... ♘e2+ 2.♔h1 ♛:g4 (die h-Linie wird geöffnet) 3.hg ♖h5+! (die vierte Reihe wird geräumt) 4.gh ♖h4 matt (Gygli–Henneberger, Zürich 1941).

Aufgabe 214
Der Turm f3 ist gefesselt und angegriffen. Nach 1.♖g2!! mußte sich Schwarz jedoch geschlagen geben. Es droht 2.♛:h7+ ♔:h7 3.♖h3 matt. Der vordem bedrohte Turm darf wegen 2.♛:f8 matt nicht genommen werden (Soultanbeieff–Borodin, Brüssel 1943).

Aufgabe 215
1. ... c3! 2.♖:c3 (das ist erzwungen, weil 2. ... cb drohte) 2. ... ♖:c3 3.♛:c3. Jetzt gewinnt 3. ... b4 den Springer und die Partie (Kottnauer–O'Kelly, Groningen 1946).

Aufgabe 216
1. ... ♘:g2! 2.♔:g2 ♘f4+ 3.♔h1
Falls 3.♔g1, so 3. ... ♘h3+ 4.♔g2 ♛:f2+! 5.♔:h3 ♗c8+ 6.♘f5 ♗:f5+ 7.ef ♛:f3+ 8.♔h2 ♖d2+. Auf 3.♔f1 folgt 3. ... ♗a6+.
3. ... ♛:f2. Weiß gab auf (Boleslawski–Neshmetdinow, Vilnius 1958).

Aufgabe 217
1.♗f7! ♔:f7
Auf 1. ... ♖:d2 hätte Weiß natürlich 2.♛:g6+ gespielt. Der Zug 1. ... ♛:f7 würde einfach mit 2.♖:d8 beantwortet.
2.♖:d8 ♛:d8 3.♛b7+ ♔g8 4.♛:a6. Weiß realisierte seinen Vorteil (Stahlberg–Najdorf, Buenos Aires 1947).

Aufgabe 218
Schwarz setzt in drei Zügen matt: 1. ... ♛:h2+! 2.♔:h2 ♘g3+! 3.♔:g3 (3.♔g1 ♖h1 matt) 3. ... f4 matt (Kossolapow–Neshmetdinow, Kasan 1936).

Aufgabe 219
Auf 2.♗:c7 geschah 2. ... ♖:f2 3.♔:f2 (falls 3.♛g5, so 3. ... ♖ee2) 3. ... ♖e2+! 4.♔:e2 ♛:g2+ 5.♔e1 ♛g1+ 6.♔d2 (6.♔e2 ♗h5 matt) 6. ... ♛f2+ 7.♔d1 ♗h5 matt. So endete die Partie Morphy (Schwarz) gegen Delannoy, die im Pariser „Café de la Régence" 1858 ausgetragen wurde. Morphy hatte seinem Gegner in dieser Partie einen Bauern und Zug vorgegeben. Als Delannoy den Läufer schlug (2.♗:c7), erlaubte er sich die Bemerkung: „Für einen solchen Fehler hat sich die Reise von Amerika nach Europa sicher nicht gelohnt." Morphy nahm sie gelassen hin und kündigte ein sechszügiges Matt an.

Aufgabe 220

Der Kampf wurde so fortgesetzt: **2.♕:f8+ ♖:f8 3.♖:f8 ♕:f8** (3. ... ♕c5+ hätte 4.d4 zur Folge) **4.h6+!** Nur so! Mit dem naiven 4.♖:f8 ♔:f8 könnte Weiß das Bauernendspiel nicht gewinnen. Schwarz schafft sich dann nämlich mit e5–e4 einen zweiten Freibauern, wonach der weiße König nicht mehr seine Bauern auf der g- und h-Linie unterstützen kann. Jetzt aber ist das Spiel beendet: 4. ... ♔g8 5.h7+ ♔g7 6.♖:f8 (Tarrasch–Janowski, Ostende 1907).

Aufgabe 221

1. ... ♘:f3+! 2.gf ♖g5+ 3.♔f1 (bei 3.♔h2 folgt 3. ... ♖g3) **3. ... ♕:h3+ 4.♔e2 ♖g2+.** Auf 5.♗f2 setzt Schwarz mit 5. ... ♖:f2+ 6.♔:f2 ♕h2+ fort. Weiß gab deshalb auf (Quinteros–Kouatly, Luzern 1985).

Aufgabe 222

1. ... d3 2.c3 ♖:e4! 3.♕:e4 ♗:c3. Auf 4.b3 spielt Schwarz 4. ... ♕f2. Weiß gab auf (Sax–van der Wiel, Biel 1985).

Aufgabe 223

1.♗:f7+! ♖:f7 2.♖d8+ ♖f8 3.♕b3+ ♕f7 Die Mattdrohung auf g1 ist bereinigt, und der e-Bauer begibt sich auf den Marsch. **4.e6 ♕e7 5.♖d7** (Apscheneek–Landau, Kemeri 1937).

Weiß gewinnt mit nachfolgendem e6–e7.

Aufgabe 224

1.♗:h7+! ♔:h7 2.♕h3+ ♔g8 3.♖g4! Gegen die Drohung ♖g4–h4 hat Schwarz keine Verteidigung. Auf 3. ... f6 folgt 4.g6. Der Nachziehende gab deshalb auf (Szabó–Bisguier, Buenos Aires 1955).

Aufgabe 225

Der Zug **1.♗d5!** (ein Abzugsangriff) zwingt Schwarz zur Aufgabe, da er auch durch das Zwischenschlagen 1. ... ♖:f2 wegen des Matts auf g8 nichts erreicht (Euwe–Thomas, Hastings 1931/32).

Aufgabe 226

1. ... ♖:f3+! 2.gf d5! Schwarz schaltet den Läufer c8 in den Angriff ein. Sofort 2. ... ♗d6 scheiterte an 3.c5+. **3.cd** (falls 3.fe, so 3. ... ♕g4+ 4.♔h1 ♕f3+ 5.♔g1 ♗h3 mit nachfolgendem Matt) **3. ... ♗d6 4.f4 ♕g4+ 5.♔h1 ♕f3+.** Weiß gab auf (S. Woronkow–Kalinitschenko, Moskau 1986).

Aufgabe 227

1.♖e8+! ♘:e8 Auf 1. ... ♖:e8 folgt 2.♖:e8+ ♘:e8 3.♕:f7+ ♔h7 4.♕g8+ ♔g6 5.♕:e8+ ♔g5 (auch 5. ... ♔f6 6.♕e6+ ändert nichts mehr; und falls 5. ... ♔h7, so 6.♗g8+ ♔h8 7.♗f7+ und 8.♕g8 matt) **6.h4+.**

2.♕:f7+ ♔h7 3.♕f5+ g6
(3. ... ♔h8 beantwortet Weiß
mit 4.♕f8+ ♔h7 5.♗g8+
♔g6 6.♕f7+ nebst 7.♖e5
matt) **4.♖e7+ ♘g7 5.♕f6.**
Schwarz gab sich geschlagen
(Uhlmann–Holzhaeuer,
Kecskemét 1984).

Aufgabe 228
1.♗:g6 (auf sofort 1.♕h6 hätte
Schwarz 1. ... ♗f8 entgegnet)
1. ... fg 2.♕h6. Nun aber hat
Weiß seinen Turm c7 in den
Angriff einbezogen, wodurch
Schwarz keine Verteidigung ge-
gen das Matt hat (Schlechter–
Przepiorka, Nürnberg 1906).

Aufgabe 229
**1.♖g8+! ♕:g8 2.♕g7+ ♕:g7
3.fg+ ♔g8 4.♘e7 matt** (Virta-
nen–Björquist, Fernpartie
1973/74).

Aufgabe 230
1. ... ♕a3! 2.♘:e6 (2.ba ♗:a3+
nebst Matt) **2. ... ♗b4! 3.♕:b4
♕:a2**, und Weiß kann dem
Matt nicht entrinnen (Daska-
low–Stantschew, Warna 1968).

Aufgabe 231
1.♗:a4
Weiß räumt die c-Linie, um
danach die Türme zu tau-
schen. Mit dieser Aktion wird
gleichzeitig dem Turm c8 die
Deckung genommen, wodurch
der Anziehende Gelegenheit
zu einer Standardkombination
erhält.
1. ... ♕:a4 2.♖:c8 ♖:c8

3.♘h6+! gh (das Finale 3. ...
♔h8 4.♕:f7 ♘f6 5.♕g8+!
♘:g8 6.♘f7 matt entsprach of-
fenbar auch nicht dem Ge-
schmack des Nachziehenden)
4.♕g4+ ♔h8 5.♕:c8. Schwarz
gab auf (Balaschow–Bronstein,
43. Meisterschaft der UdSSR,
1975).

Aufgabe 232
1.♕d5! ♖a7 2.♘g6+! ♔g7
(2. ... hg 3.♖h3+ nebst
4.♕:a2) **3.♘:f8 ♔:f8 4.e5**, und
Schwarz hat keine Verteidigung mehr (Tal–Kolarow,
Reykjavik 1957).

Aufgabe 233
1.♖:h6! ♗:h6 2.♕h4!
Nur so! Nicht 2.♖:h6, worauf
Schwarz 2. ... ♕d4 antwortet,
und falls 3.♗e3, so 3. ... ♘g4
4.♗:d4 ♘:f2 5.♗:f2 ♖:b2.
**2. ... ♔f8 3.♕:h6+ ♔e8
4.♕f8+!** Ob Schwarz die
Dame schlägt oder mit dem
König nach d7 geht, ist schon
einerlei – er wird in jedem
Fall matt (Kudrin–Suba, Beer-
Sheva 1984).

Aufgabe 234
1.♕f6! ♖g8 (1. ... ♗:f6
2.♗:f6 matt) **2.♖:e6! ♕:e6**
(bei 2. ... fe setzt Weiß mit
3.♘:g6+ hg 4.♕h4 matt)
3.♘:g6+! Schwarz gab auf
(Tschepukaitis–Gljanez, Leningrad 1980).

Aufgabe 235

1.♘f6+! gf 2.♖g4+ ♔h8
3.♖eg1 (danach kann sich
Schwarz gegen das in solchen
Stellungen übliche Damenopfer auf h7 nicht mehr verteidigen) 3. ... ♗:f5 4.♕:f5 ♖b5
5.♕:h7+, und Schwarz gab
auf (Nunn–Pritchett, BRD
1985).

Aufgabe 236

1.♖:h6
Dagegen käme Weiß mit
1.♕g6 nicht ans Ziel. Er droht
dann zwar ♖h1:h6, aber
Schwarz antwortet 1. ... ♗e8
2.♕e6+ ♗f7.
Jetzt droht jedoch 2.♕h7+
♔f7 3.♕g6+ ♔f8 4.♖h7, weshalb Schwarz den vorwitzigen
Turm schlagen muß.
1. ... ♗:h6 2.♕g6+ ♗g7
3.♘e6! ♗:e6 4.♗d4!, und der
Nachziehende bekannte sich
geschlagen (Pirisi–Szalanczy,
Budapest 1981).

Aufgabe 237

1. ... ♖a8! 2.♖:a8
Bei 2.♖a6 gewinnt Schwarz
auf die gleiche Weise wie in
der Partie. Falls 2.♖c3, so
2. ... ♕e1+ und 3. ... ♕a1
matt.
2. ... ♕f1+ 3.♔b2 c3+ mit
Damengewinn (Medina–Sme-
derevac, Beverwijk 1965).

Aufgabe 238

1.♘h5! ♗:f6 (1. ... gh?
2.♕g5) 2.♘:f6+ ♔g7 (2. ...
♔h8 3.♕h6) 3.♘h5+! ♔h8

Auf 3. ... gh geschieht
4.♕g5+ ♔h8 5.♕f6+ ♔g8
6.♖f3.
4.♕h6 ♖g8 5.♘f6 ♖g7
6.♗:e6 fe 7.♘:h7! ♖:h7
8.♖f8+ ♖:f8 9.♕:f8 matt
(Přibyl–Jablonicky, Bratislava
1973).

Aufgabe 239

1.♘:d5 ed
Schwarz hätte das Springeropfer sicher lieber abgelehnt und
sich mit dem Verlust des Bauern abgefunden, aber das
würde ihm auch keine Freude
bringen: 1. ... ♕b7 2.♘e7+
♕:e7 3.♕:c8+ und weiter wie
in der Partie.
2.♕:c8+! ♖:c8 3.♖:c8+ ♔h7
4.♖h8+! ♔:h8 5.♘g6+ und
6.♘:e7 mit leichtem Gewinn
(Wolkewitsch–Lyskow, Moskau
1958).

Aufgabe 240

1.♘g6+ (Schwarz muß jetzt
die h-Linie öffnen) 1. ... hg
2.♕e8+! Die feindliche Dame
wird vom Schlüsselfeld h4 abgelenkt. Schwarz gab auf (Ma-
jorow–Krjukow, Fernpartie
1956).

Aufgabe 241

1. ... ♘:d4 2.♗:d4 ♘d3+!
3.ed (falls 3.♕:d3, so 3. ...
♕c1+ 4.♕d1 ♕:d1+ 5.♔:d1
♗:d4, und Weiß verliert eine
Figur) 3. ... ♗:d4 mit Materialvorteil für Schwarz (Pelz–
Belouschkin, Tscheljabinsk
1975).

153

Aufgabe 242
Schwarz mußte auf 1.♖d7!!
die Waffen strecken, weil 1. ...
♗:d7 mit 2.♕d6+! ♖e7
3.♕h6+ ♔e8 4.♖g8 matt be-
antwortet wird (G. Popow–An-
gelow, Fernpartie 1961).

Aufgabe 243
1. ... ♗:e4! 2.fe (2.♗e2 ♗d3
3.♗d1 ♗f1) 2. ... f3! (der
Bauer ebnet seinem König den
Weg zu den Gegenspielern)
3.g5 ♔e5 4.♔c5 (dieser
Marsch des Königs zum Bauern a6 mußte genau berechnet
werden, bevor Schwarz seinen
Läufer opferte) 4. ... ♔e4
5.♔b6 b4! 6.cb (6.♗:c4 bc,
und der Läufer kommt zu spät)
6. ... c3. Schwarz gewann
(Dittmann–Padewski, Dresden
1956).

Aufgabe 244
1.♗h8!! ♔:f7 2.♕:f6+ ♔g8
3.♕g7 matt (Tal–Rantanen,
Tallinn 1979).

Aufgabe 245
1.♖:c6! ♖:c6 2.♖:c6 ♖:c6
3.♗:b4 ♕f7 (auf 3. ... ♖c8
entscheidet die Unterbrechung
4.♗e7) 4.♘g5 ♕:f6 5.ef ♖c7
(es drohte 6.f7+) 6.♗e7.
Schwarz gab auf (Mnazakan-
jan–Prandstetter, Jerewan
1984).

Aufgabe 246
1.♘f5+ gf (erzwungen) 2.♗:f5
♖:g3
Bei 2. ... ♘g6 setzt Weiß mit

3.♗:g6 hg 4.♖:g6 ♖:g6
5.♖:g6+ ♔f7 6.♕h6 fort.
3.♖:g3+ ♔f7
Auf 3. ... ♔h8 entscheidet
Weiß die Partie mit 4.♕g1!
4.♕h6 ♘d3 (das verliert
ebenso wie alle anderen Antworten) 5.♕h5+ ♔e7 6.♖g7+
♔d8 7.♕f7 ♕a1+ 8.♖g1.
Schwarz gab auf (Plachetka–
Bašagić, Sofia 1979).

Aufgabe 247
Auf 1. ... ♕f3! 2.♗b1 (2.gf
hätte 2. ... ♘:f3+ 3.♔f1 ♖h3
matt zur Folge) 2. ... ♕:g2
3.♔d2 ♕:f2 besaß Schwarz
klaren Vorteil (Peew–Haik,
Bukarest 1979).

Aufgabe 248
1. ... ♘e2+ 2.♔h1 ♕f3!
3.♖g1 (3.♗:f3 ♗:f3 matt)
3. ... ♘:g1! 4.♗:f3 ♘:f3
5.♕b4
Es drohte Springerabzug mit
Damengewinn. Nun dringt
aber der schwarze Turm auf
die erste Reihe ein.
5. ... ♖d1+ 6.♔g2 ♖g1+
7.♔h3 g5! Weiß gab auf
(Fiegler–Dubinin, Fernpartie
1978).

Aufgabe 249
Der Zug 1.♘f4 scheitert an
1. ... ♘f3+! 2.gf ♕g5+
3.♘g2 h3 4.♕:g7+ ♕:g7
5.♗:g7 hg!, da Weiß mit einer
Figur weniger spielen müßte
(Variante aus der Begegnung
Euwe–Romanowski, Leningrad
1934).

Aufgabe 250

1.♘:f7! ♔:f7 2.♗:f6! ♕c7
Der Läufer durfte weder mit
dem Bauern noch mit dem König geschlagen werden. Auf
2. ... gf würde 3.♕h5+ sofort
entscheiden, während Weiß bei
2. ... ♔:f6 den König gefan-
gennimmt: 3.♕f3+ ♔g5
4.♕g3+ ♔h5 (4. ... ♔f6
5.♕f4 matt) 5.♗g6 matt.
3.♕h5+ ♔f8 (3. ... ♔:f6
4.♕g6 matt) 4.♗:g7+ ♔:g7
(4. ... ♔g8 5.♕g6) 5.♕g6+
♔f8 6.♕:h6+ ♔f7 (6. ... ♔g8
7.♗h7+ ♔h8 8.♗g6+, und
Schwarz wird matt) 7.♗g6+
♔f6 (7. ... ♔g8 8.♕h7+)
8.♗h5+ ♔f5 9.♕g6+ ♔f4
10.♕g4 matt (Kallai–Radu-
lescu, Ungarn 1980).

Aufgabe 251

1. ... ♖:d5!! 2.♖:d5 ♘f3!
(Weiß kann sich zwar gegen
das Matt verteidigen, aber nur
unter Hergabe des Turmes)
3.♖5d2 ♖:d2 4.♖:d2 ♘:d2
5.b5 ♘c4. Weiß gab auf (Ray-
nar–Kouatly, Groningen 1976/
77).

Aufgabe 252

1. ... ♖:b2 2.♔:b2 ♖b8+
3.♔c2
Falls 3.♔c1, so 3. ... ♗e4!!
4.♕:e4 ♕:c3+ 5.♕c2 (bzw.
5.♗c2 ♖b1+ nebst matt)
5. ... ♖:b1+! 6.♔:b1 ♕a1
matt.
3. ... ♗e4! 4.♕:e4 ♕:c3 matt
(Mundra–Seidel, Neustadt
1984).

Aufgabe 253

1.♗:f7+! ♔:f7 2.♖d6! ♗:d6
Damit ist der Verteidiger von
g7 abgelenkt. Indessen hätte
ein Rückzug der Dame sogar
zum Matt geführt: 3.♘:h6+ gh
(3. ... ♔e7 4.♕g5 matt)
4.♕g6+ und 5.♕f6 matt.
3.♕:g7+ ♔e6 4.♘:d6 ♕d8
Die schwarze Stellung wäre
auch nach anderen Fortsetzungen hoffnungslos. Falls 4. ...
♕c7 (4. ... ♖f8 5.♘:c8 ♖:c8
6.♕:h6+), so 5.♕f6+ ♔d5
(5. ... ♔d7 6.♘d:b5 mit der
Drohung 7.♖d1+) 6.♖d1+.
5.♘:e8 ♕:e8 6.♕f6+ ♔d5
7.♕d6+ ♔e4 8.♖e1+ ♔f5
9.♕f6+ ♔g4 10.h3+ ♔h5
11.g4 matt. Dieses Finale ergab sich in der Wettkampfpar-
tie Lilienthal–Landau (Amsterdam 1934).

Aufgabe 254

Zum Sieg führt 1.♖h5! ♖:h5
2.♖a6+, gefolgt von 3.♖a5+
und 4.♖:h5 (die etwas verän-
derte Stellung geht auf eine
alte Handschrift aus dem
15. Jahrhundert zurück).

Aufgabe 255

1. ... ♖f3! 2.♘:e4 (auf 2.gf
würde 2. ... ef mit der unab-
wendbaren Drohung ♕h4:h3
geschehen) 2. ... ♖:h3 3.gh
(bei 3.♘g3 setzt Schwarz mit
3. ... ♖h1+ 4.♘:h1 ♕h2
matt) 3. ... ♖f3! (durch die
Festlegung des f-Bauern wird
die weiße Dame von der Verteidigung ausgeschlossen)

4.♘g3 ♕:h3. Weiß ist am Ende (Konikowski–Gromek, Polen 1971).

Aufgabe 256
Nach **1. ... ♘d3!!** streckte Weiß die Waffen. Auf **2.♕:c7** folgt **2. ... ♗:f2+ 3.♔h1 ♘:e1**, und Weiß wird unweigerlich auf g2 matt gesetzt (Orajewski–Bubnow, Fernpartie 1926).

Aufgabe 257
Obwohl der Punkt f2 ungedeckt ist, kann Weiß zuerst zum Angriff übergehen: **1.♕e8+ ♔h7 2.♘g5+! hg 3.♖h3+ ♔g6**

4.♖h6+! Taktisch ausgezeichnet gespielt. Weiß hat die Themen Ablenkung (4. ... gh 5.♕g8 matt) und Hinlenkung (4. ... ♔:h6 5.♕h8+ ♔g6 6.♕h5 matt) im Auge (Golzow–W. Moissejew, Kaluga 1970).

Aufgabe 258
Der sich anbietende Zug **1. ... ♗:c3+** verliert. Auf **2.bc ♕:c3+** spielt Weiß **3.♕d2!**

und beantwortet **3. ... ♕:a1** mit

4.♗b1!!
Die schwarze Dame steckt in der Falle! Gegen 5.♗b2 hat Schwarz keine Verteidigung (Neshmetdinow–Konstantinow, Rostow 1936).

Aufgabe 259
Den Ausgang dieser noch im Eröffnungsstadium befindlichen Partie entscheidet der Zug **1.♗g6!** Auf **1. ... fg** gewinnt sofort **2.♕f3!** mit der Drohung **3.♕f7 matt**, während Schwarz nach **1. ... 0–0 2.♖:f7** keine befriedigende Verteidigung gegen die Drohung ♕d1:h5–h7–h8 matt besitzt (Lopez–Lemus, Kuba 1984).

Aufgabe 260
1.♘f6+! ♗:f6
Das ist erzwungen, weil auf **1. ... gf** mit **2.♗:h7+! ♔:h7 3.♕h5+ ♔g7 4.♕g4+ ♔h8 5.♖d3** die Entscheidung herbeigeführt würde.
2.ef g6
Auch hier drohte 3.♗:h7+

(3. ... ♔:h7 4.♕h5+ ♔g8
5.♕g5 g6 6.♕h6). Bei 2. ... h6
käme Weiß durch 3.♕g4 g6
4.♕f4 ♔h7 (4. ... g5 5.♕e5)
5.♖he1 zu durchschlagendem
Angriff.
3.♕e3 ♕d8
Damit verteidigt sich Schwarz
gegen das tödliche ♕e3–h6.
4.♕f4!
Auf 4.♗:g6 hätte der Nachziehende 4. ... ♕:f6 erwidern
können. Jetzt droht aber das
Schlagen auf g6.
**4. ... e5 5.♕h4 ♗d7 6.♗b5 c6
7.♖:d7.** Die Dame wird vom
Punkt f6 abgelenkt (7. ... ♕:d7
8.♕h6). Schwarz gab auf
(Acers–Calloway, USA 1981).

Aufgabe 261
Die weiße Dame ist gefesselt,
und überdies droht ihrem Ge-
mahl Matt. Nach **1.♖f8+ ♘c8
2.♕:b7+! ♔:b7 3.a6+** befindet sich aber ganz über-
raschend Schwarz im Mattnetz:
3. ... ♔b8 4.♘c6+ und
5.♖:c8 matt (aus Stammas
Werk, 1737).

Aufgabe 262
1.♕h5 g6

2.♘:e6!, und Schwarz gab bereits auf.
Wenn der Nachziehende 2. ...
fe antwortet, dann folgt selbstverständlich 3.♕:d5, und falls
die weiße Dame geschlagen
wird, so setzt Weiß mit
3.♘g7++ ♔d8 4.♖e8 matt
(Barejew–Jakowitsch, Tallinn
1986).

Aufgabe 263
Schwarz hoffte auf 2.de, um
2. ... ♕g4+ spielen zu können. Wenn der weiße König
darauf nach f2 ginge, wäre
♘d6:e4+ die Folge.
Weiß kündigte indessen ein
vierzügiges Matt an, wobei er
zunächst die große Diagonale
für seine Dame räumt:
2.♖g6+! fg (2. ... hg 3.♕g7
matt) **3.♕h8+! ♔:h8 4.♖:f8
matt** (Basman–Balshan, Israel
1981).

Aufgabe 264
1. ... ♕:g3!
Dieser Zug und die einzig
mögliche weiße Antwort
2.♕:d5+ fallen ins Auge. Aber
wie soll Schwarz nach **2. ...
♖:d5 3.fg** fortsetzen?

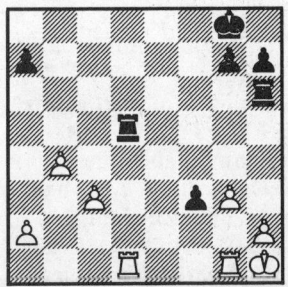

3. ... ♖:h2+!
Diesen Zug mußte Schwarz vor
Beginn der Kombination gese-
hen haben. Auf 4.♔:h2 folgt
4. ... ♖h5 matt (Issakow–Piz-
chelauri, Syktywkar 1978).

Aufgabe 265
1.♖:e5. Auf 1. ... de geschieht
2.♗c4+ ♔h8 (2. ... ♖f7
3.♖d8 matt) 3.♘g6+ hg und
4.♖h1+ nebst Matt im nächsten Zug. Schwarz gab deshalb
auf (Sawernjajew–Paromow,
Archangelsk 1963).

Aufgabe 266
1.♗h7+! (im Unterschied zu
vielen ähnlichen Kombinationen steht der schwarze Bauer
hier nicht auf h7, sondern auf
h6) **1. ... ♔:h7.**
Falls 1. ... ♔h8, so 2.♘g5!,
und Schwarz wäre nicht mehr
zu retten. Auf 2. ... hg würde
3.♕h5+ folgen. Ebensowenig
könnte sich Schwarz mit 2. ...
♕b8 aus der Schlinge ziehen:
3.♘:f7+ ♔:h7 4.♕d3+ ♔g8
(bzw. 4. ... g6 5.♘g5+ hg
6.♖f7+ ♔h6 7.hg+ ♔:g5
8.♕e3+ ♔h5 9.♖h7+ ♔g4
10.♕f4 matt) 5.♘:h6+ gh
(oder 5. ... ♔h8 6.♘f7+ ♔g8
7.♘g5) 6.♕g6+ ♔h8 7.♖f7,
und Schwarz wird matt gesetzt.
2.♘g5+ ♔g8
Wenn Schwarz auch dieses
zweite Opfer durch 2. ... hg
annimmt, dann gewinnt
3.♕h5+ ♔g8 4.♕:f7+ ♔h8
5.♕h5+ ♔g8 6.hg mit der

Drohung g5–g6 (auf 6. ... ♘e7
entscheidet 7.♗:e7).
**3.♘:f7 ♕b8 4.♘:h6+ gh
5.♕g4+ ♔h8 6.♖f7.** Schwarz
gab auf (Lissizyn–Ragosin, Leningrad 1934).

Aufgabe 267
**1. ... ♗:h2+ 2.♔:h2 ♘g4+
3.♔g3** (3.♔g1 ♕h4) **3. ...
♕d6+ 4.f4 ♕h6 5.f5** (es
drohte Matt auf h2) **5. ...
♕h2+! 6.♔:g4 h5+ 7.♔g5
♕g3+ 8.♔:h5 g6+ 9.fg ♔g7!**
Nach diesem stillen Zug existiert keine Verteidigung gegen
die Drohungen 10. ... ♖h8+
und 10. ... ♕h2+ 11.♔g5
♕h6 matt (Filtschew–Pa-
dewski, Sofia 1952).

Aufgabe 268
Zunächst muß Schwarz auf
1.♖:h6+ die siebente Reihe
freigeben. Den Turm zu schlagen ist erzwungen, da Weiß
auf 1. ... ♔g8 mit 2.♘f6+ gewinnt.
Nach **1. ... ♗:h6** wird der
schwarze König durch ein
zweites Turmopfer nach h7 gelenkt, wodurch Weiß zu einem
Abzugsdoppelschachgebot
kommt: **2.♖h7+ ♔:h7** (auch
dieses Opfer darf nicht ignoriert werden, da Weiß auf 2. ...
♔g8 mit 3.♘f6+ ♔f8
4.♘d7+ den Sieg davonträgt)
**3.♘g5++ ♔g7 4.♕h7+ ♔f6
5.♕f7+ ♔:g5 6.♕f5+ ♔h4
7.♕h5 matt** (Teschner–N. N.,
Hamburg 1960).

Aufgabe 269
Die Rechnung geht nicht auf.
Auf **3.b4! cb** spielte Weiß nämlich weder 4.♘:g5 noch 4.hg,
sondern

4.♕:h7+! Schwarz wird nun
noch im Eröffnungsstadium
matt: 4. ... ♔:h7 5.hg+ ♔g6
(oder 5. ... ♔g8 6.♘e7 matt)
6.♘e7 matt (Casas–Piazzini,
Buenos Aires 1962).

Aufgabe 270
**1. ... ♘d5+ 2.♗d2 ♕b6!
3.♕:a8+ ♔d7**
Jetzt droht 3. ... ♘c7. Zu 3.a4
♘c7 4.a5 war dem Anziehenden wegen 4. ... ♕:b2 nicht zu
raten.
**4.0–0 ♘c7 5.♗a5 ♘:a8
6.♗:b6 ♘:b6,** und Schwarz hat
zwei Figuren für den Turm
(Nimzowitsch–Aljechin, Bled
1931).

Aufgabe 271
**1.♘e7+ ♖8:e7 2.♗:b7+ ♔b8
4.♖a8+! ♔:b7 4.♖da4,** und
Schwarz bekannte sich geschlagen (Laesson–Pjarnpuu, Tallinn 1966).

Aufgabe 272
**1. ... g5+! 2.♔:h5 ♕e2+ 3.g4
♕e8 matt** (De Roi–Kramer,
Beverwijk 1962).

Aufgabe 273
Mit **1.♖b6!** lenkt Weiß die
gegnerische Dame von h8 ab.
Auf 1. ... ♕:b6 (auch 1. ...
♖d6 2.♖:d6 ♕:d6 kann den
Nachziehenden nicht mehr retten) folgt ein zweizügiges
Matt: 2.♕h8+ ♔g6 3.♗h5
matt. Schwarz gab deshalb
nach dem Turmzug auf (Ma-
riotti–Pantschenko, Las Palmas 1978).

Aufgabe 274
Schwarz gewinnt forciert durch
**1. ... ♖h1+! 2.♔:h1 ♕h8+
3.♔g1 ♘f3+ 4.♔f1**
Weiß muß die Dame geben, da
4.gf mit 4. ... ♕h2+ 5.♔f1
♕h1+ 6.♔e2 gf+ 7.♔d3
♕:d1+ 8.♔c3 ♗e5 beantwor-
tet würde.
4. ... ♘:d4 5.♖:d4
Für die Dame hat Weiß zwei
Türme, eine Leichtfigur
und ... eine völlig hoffnungslose Stellung.
5. ... ♗e5! 6.♖b4 (sonst folgt
6. ... ♗:b2) **6. ... ♕h1+
7.♔e2 g3! 8.fg ♕:g2+ 9.♔d1
♕f1+ 10.♔d2 ♗:g3 11.c3
♗f4+ 12.♔c2 ♕c1+ 13.♔b3**
(13.♔d3 ♕d1+) **13. ... ♕d1+
14.♔a3 ♗e3,** und Weiß gab
auf (N. Beljawski–Papoport,
Fernpartie 1977).

159

Aufgabe 275

1.♔:c6! bc 2.b7 ♕d8 3.b8♕ **♖d1+** (diese Ablenkung mußte Weiß unbedingt vorhersehen) **4.♖:d1 ♕:b8**

Weiß hat als Gegenwert für die Dame nur Turm und Springer erhalten, der folgende stille Zug klärt aber sogleich die Situation.

5.♘b7! Schwarz gab auf (Sliwa–Stoltz, Bukarest 1953).

Aufgabe 276

1.♗:f7+

Womit soll der Läufer geschlagen werden? Der König darf es nicht, weil auf 2.♕:h7+ seine Gemahlin verlorenginge, und 1. ... ♖:f7 hätte 2.♕g5+ zur Folge. Schließlich würde 1. ... ♔h8? sogar durch 2.♕f6 matt bestraft.

Es bleibt also nur: **1. ... ♕:f7** Nun hat Schwarz auf 2.♕g5+ immerhin die Verteidigung 2. ... ♕g7. Weiß kann sich aber einer Zugumstellung bedienen.

2.♖:d8

Weiß besitzt die Qualität

mehr, weil 2. ... ♖:d8 an 3.♕g5+ scheitert. Die Realisierung des Vorteils ist nur noch eine technische Frage. In dieser aussichtslosen Situation zog Schwarz **2. ... ♘a4**, gab nach **3.b3** aber doch auf, weil 3. ... ♘:c3 an 4.♖aa8 scheitert (Aljechin–Junge, Krakau 1942).

Aufgabe 277

1. ... ♘g3+! 2.hg hg+ 3.♔g1 **♗f6!**

Der Läufer will seiner Dame den Weg nach h4 ebnen.

4.♘de2

Wenn 4.♘ce2, dann 4. ... ♗:d4+ 5.♘:d4 ♖h1+! 6.♔:h1 ♕h4+ und 7. ... ♕h2 matt.

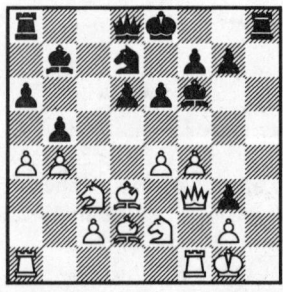

Jetzt wäre das logische Finale 4. ... ♗d4+! nebst 5. ... ♖h1+ usw. gewesen. In der Partie Bönsch–Stefanow (Bukarest 1981) erzwang Schwarz den Sieg auf etwas andere Art: **4. ... ♗:c3 5.♖fd1** (wenn Weiß den Läufer schlägt, folgt 5. ... ♖h1+) **5. ... ♗:d2.** Nun würde Schwarz auf 6.♖:d2 mit

6. ... ♔b6+ fortsetzen. Weiß
gab auf.

Aufgabe 278
Weiß war überzeugt, daß
Schwarz nur 1. ... ♗:g5 antworten könne. Es geschah aber
**1. ... ♗:d5! 2.♘:f6+ ♔:f6!
3.♗:f6.**
Weiß ist nun im Mehrbesitz
der Dame und droht außerdem
Matt auf g7. Schwarz ist aber
schneller: **3. ... ♗c4+ 4.♔g1
♘e2+ 5.♔f1 ♘c1+** (die
Grundreihe wird unterbrochen)
6.♔g1 ♖e1 matt (Eckart–Tarrasch, Nürnberg 1888).

Aufgabe 279
Der Anziehende erlangt durch
1.♗:g6! fg 2.♕:e6! entscheidenden Materialvorteil (Džurić–Gipslis, Vrnjačka Banja
1975).

Aufgabe 280
1.♖c5! Dieser Zug soll der
weißen Dame das Feld g7 zu-
gänglich machen und deckt zugleich das Matt auf c2. Gegen
die Drohung des zweiten
Turmopfers **2.♖:h7+** und
nachfolgendem **3.♕g7 matt** hat
Schwarz keine Verteidigung.
Er gab deshalb auf (Heem-
soth–Heisenbüttel, Bremen
1958).

Aufgabe 281
**1. ... ♕e2 2.♖f1 ♕:f3!! 3.gf
♖g6 matt** (Albin–Bernstein,
Wien 1904).

Aufgabe 282
1.♗c4! (das räumt der weißen
Dame die Linie nach e8) **1. ...
♕:c4 2.♕e8+ ♘:e8 3.♖f8
matt** (Tschigorin–N. N., Petersburg 1894).

Aufgabe 283
1.♘e6! fe 2.de ♘e2+ 3.♔g2.
Nun droht **4.♕f7+** nebst Matt
oder der weitere Vorstoß des
Bauern. Schwarz gab auf
(Schuleschko–Ronis, Riga
1985).

Aufgabe 284
1.♖:d7! ♗:d7 (auf 1. ... ♕:d7
2.♘f6+ müßte Schwarz den
Springer schlagen, wonach
Weiß mit **3.♕g4+** den Sieg
davontrüge) **2.♘f6+ ♔h8**
(auch hier wäre Weiß nach
2. ... gf durch **3.♕g4+** erfolgreich) **3.♕h5 h6** (jetzt würde
3. ... gf mit **4.♗e4** beantwortet
werden) **4.♕:f7.** Schwarz gab
auf (Chalifman–Assejew, Bor-
shomi 1984).

Aufgabe 285
Dem Anziehenden droht Matt
(1. ... ♕f1+ usw.), doch er
kommt Schwarz zuvor:
1.♖c8+! ♗:c8 (1. ... ♔f7
2.♕c7+) **2.♕e8+ ♖f8
3.♖:g7+! ♔:g7 4.♕g6+** und
5.♕h7 matt (Horowitz–N. N.,
USA 1941).

Aufgabe 286
Unter Turmopfer vernichtet
Weiß die Bauerndeckung des
gegnerischen Königs:

1.☐:g6+! fg
Bei 1. ... ♔:g6 führt 2.♕g3+
♔h6 3.♕f4+ ♔g7 4.♕:f7+
♔h8 5.♘f6! zum Sieg.
2.☐f7+! ♔:f7 3.♕:h7+ ♔e6
Auf 3. ... ♔f8 würde Weiß mit
4.♘f4! den Kampf entscheiden
(4. ... ☐ec8 5.♘:g6+ und
6.♕g8 matt). Nach der Partiefortsetzung muß der schwarze
König die unfreiwillige Reise
in die Brettmitte antreten.
**4.♕:g6+ ♔e5 5.♕g7+ ♔:e4
6.♘f6+ ef 7.♕:d7**, und
Schwarz gab auf, da er zur
Rettung des Turmes Bauern
verliert (Ragosin–Weressow,
Moskau 1945).

Aufgabe 287
Schwarz beging einen entscheidenden Fehler, weil er die raf-
finierte Erwiderung **4.c6! bc**
(4. ... ♘c5 5.♗b5) **5.♘d4**
übersah. Angesichts der Drohung 6.♘:c6 hat der Nachziehende keine Zeit zum Rückge-
winn des Läufers (5. ... ♗b7
6.♗e2). Er bekannte sich deshalb geschlagen. Diesen Ausgang nahm die Partie Najdorf–
Donner (Amsterdam 1950).

Aufgabe 288
1. ... ♘d4! 2.cd ♗g4! 3.♕:b7
Auf 3.♕d5 würde Schwarz mit
3. ... ♕:b1+!! 4.☐:b1 ♗b4
matt die Begegnung entscheiden. Allerdings wird die Partie
schließlich doch mit dieser
Kombination zum Sieg ge-
führt.
3. ... ☐ab8 4.♕:a7

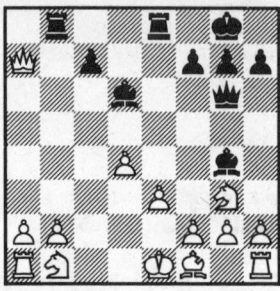

**4. ... ♕:b1+!! 5.☐:b1 ♗b4
matt** (Srinivas–Ravikumar, Indien 1984).

Aufgabe 289
1.e5! de 2.♕c5+ ♔e8

3.☐:f6! Auf 3. ... gf würde
4.♘e4! entscheiden. Schwarz
gab deshalb auf (Neshmetdinow–Sergijewski, Saratow
1966).

Aufgabe 290
**1.♕e7+! ☐:e7 2.☐d8+ ☐e8
3.☐g8+! ♔:g8 4.☐:e8 matt**
(Krause–N. N., Leipzig 1933).

Aufgabe 291
1. ... ♘g3+!, und Weiß gab
schon auf. Bei 2.hg würde der
Nachziehende mit 2. ... ☐a8!

162

und der unabwehrbaren Drohung ♖a8–h8 matt fortsetzen (Karpow–Taimanow, Leningrad 1977).

Aufgabe 292

2.♖h8+ ♔g6 3.♖:h6+!
Der falsche Weg wäre 3.♕e8+ (3. ... ♕f7 4.♕e4+ ♔g5 5.♕e3+ ♕f4+). Jetzt hingegen gewinnt Weiß die Dame. Auf 3. ... ♔:h6 folgt 4.♕h8+ ♔g6 5.♕h5+ ♔f6 6.g5+ nebst 7.♕:f3. Dasselbe ergäbe sich nach 3. ... gh 4.♕g8+ ♔f6 5.♕f8+. Ablehnen kann Schwarz das Turmopfer ebenfalls nicht: 3. ... ♔f7 4.♕c7+ ♔g8 5.♕c8+ ♔f7 6.♕e6+ und 7.♖h8 matt. Schwarz gab die Partie in richtiger Einschätzung der Lage auf (Bronstein–Kortschnoi, Moskau 1962).

Aufgabe 293

1.♗h6! ♗f8
Der Läufer ist tabu: 1. ... gh 2.♕:h6 ♗f8 3.♘f6+ und 4.♕:h7 matt.
Bei 1. ... ♘:d4 geriete Schwarz nach 2.♘:d4 ♕:d4 3.♗:g7 in eine hoffnungslose Lage.
2.♘f6+! gf 3.♗:f8!
Nach diesem Abtausch werden die schwarzen Felder sehr schwach. Spielt Schwarz 3. ... ♘:f8, so könnte er auf 4.ef nicht die Drohung ♕d2–h6 parieren. Auf 3. ... ♖:f8 4.ef ♔h8 würde Weiß mit 5.♕h6 ♖g8 6.♘g5 fortsetzen. Schließlich führt Weiß nach

3. ... ♔:f8 4.ef ♖ec8 (ein Versuch, den König durch die Flucht in Sicherheit zu bringen) durch 5.♕h6+ ♔e8 6.♕g7 die Entscheidung herbei.
In der Partie geschah **3. ... fe**, was dem Nachziehenden durch **4.♗c5** die Dame kostete (Harper–Damiano, Kanada 1980).

Aufgabe 294

Die Partie wurde durch den eleganten Zug **1.♘d6!** entschieden, da Schwarz jetzt seinen Turm verliert: 1. ... ed 2.cd oder 1. ... ♔h7 2.♘e8 (Peressypkin–Tschechow, UdSSR 1976).

Aufgabe 295

1.♗:e7 ♕:e7 2.♘f6+! ♘:f6 3.ef ♕d6
Falls 3. ... ♕d8, so 4.♗:e6!
4.♖:e6 ♕d8
Auf 4. ... fe bleibt Weiß durch 5.f7+ ♔f8 6.♕f6 siegreich.
5.♕c7 (die schwarze Dame darf sich von der Verteidigung der achten Reihe nicht ablenken lassen) **5. ... ♕f8 6.♖e7.**
Schwarz hat gegen 7.♖:f7 ♕:f7 8.♗e6 keine Parade mehr und gab deshalb auf (P. Nikolić–Hartmann, BRD 1979).

Aufgabe 296

Wenn Schwarz nicht den Turm a8 besäße, würde er auf f8 oder e8 matt. Deshalb geschah
1.♗c8!!
Damit ist die Wirkungslinie

des Turmes unterbrochen, und Weiß droht ♕c5–f8 matt. Bei 1. ... ♖:c8 folgt kurz und bündig 2.♕:c8+ ♘:c8 3.♖e8 matt.

Die einzige Möglichkeit zur Deckung der achten Reihe besteht für Schwarz in 1. ... ♕d8. Darauf setzt Weiß aber stark mit 2.♕c3! fort. Gegen die Drohung 3.♖e8+ ♕:e8 4.♕:f6 matt bietet sich keine befriedigende Verteidigung. Schwarz gab nach 2. ... ♘d5 3.♖:d5 ♕e7 4.♖f5 auf (van Scheltinga–Orbaan, Niederlande 1954).

Aufgabe 297
1.♘c6!!
Der schwarzen Dame wird die c-Linie verbaut. Der dreiste Springer auf c6 darf weder mit dem Läufer (wegen Matt) noch mit der Dame (wegen der Gabel 2.♘:a7+) geschlagen werden. Auf 1. ... ♘d6 wäre 2.♘b:a7+ ♔d7 3.♖e7 matt die Folge, und bei 1. ... ♖d7 setzt Weiß durch 2.♘b:a7 matt.

Deshalb bleibt nur die Verteidigung 1. ... ♖g7. Nun folgt aber 2.♘b:a7+ ♔d7 3.♕e5! ♗:c6 (es drohte sowohl 4.♕:g7+ als auch 4.♖:d5+) 4.♕:g7+ ♔d6 (bzw. 4. ... ♔e8 5.♘:c6 ♕:c6 6.f3, und Weiß behält einen Turm mehr) 5.f3. Auf 5. ... ♘:d2 geschieht 6.♕e7 matt. Schwarz gab auf (Herb–Bellas, Frankreich 1978).

Aufgabe 298
1.♕b2!! (dieser stille Zug stellt eine unparierbare Drohung auf) 1. ... ♘c4
Die einzige Verteidigung. Es drohte 2.♘:g6+! ♕:g6 (2. ... hg 3.♖h3 matt) 3.♖g3+. Durch den Angriff auf die Dame wehrt Schwarz diese Wendung ab. Bei 1. ... h6 bringt 2.♖c7! ♕:b2 3.♘:g6 matt die Entscheidung.
2.♘:g6+ ♕:g6 3.♖:c4+ ♕g7
Dem Matt ist Schwarz zwar entgangen, er stand nach dem prosaischen 4.♕:g7+ ♔:g7 5.♖c7+ ♔f6 6.f4 aber auf verlorenem Posten (Furman–Smyslow, 17. Meisterschaft der UdSSR, 1949).

Aufgabe 299
Für die Dame besitzt Schwarz mehr als ausreichende Kompensation – einen Turm und zwei Leichtfiguren. Seinem König scheint nichts zu drohen. Mit dem stillen Zug 1.♕c7!! zwang Weiß den Gegner aber überraschend zur Kapitulation. Gegen das blockierende Opfer 2.♕b8+! ♖:b8 3.♘c7 matt kann sich der Nachziehende nicht mehr verteidigen (Sotow–Glebow, Moskau 1975).

Aufgabe 300
Der unüberlegte Zug 1.♗g5? wird durch den vernichtenden taktischen Schlag 1. ... ♘c3!! bestraft (Rosenthal–Makogonow, Moskau 1936).

Aufgabe 301

Richtig ist 1. ... ♛:c8. Auf
2.♖:e6 hätte Weiß nur zwei
Bauern für den Springer. Wenn
Schwarz aber den Turm
schlägt, verliert er: **1. ... ♛:f6?
2.♛:a7+!! ♘:a7 3.♘b6+ ♔b8
4.♘:d7+ ♔c7 5.♘:f6**, gefolgt
von **6.♘:h5**, und Weiß besitzt
drei Bauern mehr (aus dem
Buch J. Mendheims „Aufgaben
für Schachspieler", 1832).

Aufgabe 302

Es geschah nur noch der Zug
1.e6!, und Schwarz gab die
Partie in Anbetracht folgender
Varianten auf: 1. ... ♗:d5
2.ed++ ♔:d7 3.♖:e7+ nebst
4.♛:c7 matt; 1. ... de 2.♗:b7
♘:b7 3.♛c6+; 1. ... fe 2.♗:b7
♘:b7 3.♛:c7, und nun droht
4.♛:b7 und auch 4.♘e5 (Neumann–Anderssen, Berlin
1864).

Aufgabe 303

1.♖:e8+ ♛:e8 2.g4! (durch
diese Hinlenkung kommt die
Dame zu einem Angriff auf
zwei Leichtfiguren) **2. ... ♗:g4
3.♗:d6 ♘:d6 4.♛f4 ♛d7
5.♘c5**, und Schwarz verliert
den Läufer oder den Springer
(Naftalin–Petruchin, Kischin-
jow 1985).

Aufgabe 304

Es droht Matt auf g1. Auf
1.g4+ ♔h4 hätte Weiß keine
weiteren Schachgebote. Er forcierte deshalb das Dauer-
schach: **1.♛g4+ ♔h6 2.♛g7+**
♔h5 3.♛g4+. Zu diesem Fi-
nale kam es in der Begegnung
Gaprindaschwili–Veröci (Bel-
grad 1974).
Weiß konnte aber ein vierzügiges Matt erzwingen: **1.♖:e5+!**
(räumt die Diagonale d8–h4
für ein späteres Schachgebot)
1. ... fe 2.g4+ ♔h4 3.♛e7+
(Hinlenkung und Blockade)
3. ... ♛g5 4.g3 matt.

Aufgabe 305

1. ... ♘g4!! Es droht 2. ...
♛h2 matt, weshalb **2.hg** erzwungen war. Nun folgte jedoch 2. ... ♛e3+ 3.♔h2
♖h8!, und Weiß konnte sich
auch nicht mit 4.♗f3 hg+
5.♔g3 gegen das drohende
Matt retten, da 5. ... ♛f4+
6.♔f2 g3+ entscheidend ist
(Casas–Debarnot, Buenos Aires 1972).

Aufgabe 306

Das scheinbar gute 1. ...
♗d5+ verwarf Schwarz zu
Recht (wegen 2.♖:d5 ♖:d5
3.♘:a7, und falls 3. ... ♖a5,
so 4.♘c8 ♖aa2 5.a7 ♖:f2+
6.♔g1) und fand eine zwangs-
läufige Entscheidung: **1. ...
f3+! 2.♔:f3 ♘h4+ 3.gh
♖4d3+ 4.♔e4 f5+ 5.♔:e5
♖e2+ 6.♔f4 ♖e4 matt** (Orn-
stein–Schneider, Schweden
1985).

Aufgabe 307

**1.♗:d7 ♘:d7 2.♘:h5+! gh
3.♛g5+ ♔f8**

4.♘g6+! fg 5.♖:e6 ♛c5
Es drohte 6.♛e7+. Auf 5. …
♛:c2 hätte Weiß einfach
6.♖de1 geantwortet.
6.♛h6+ ♔f7 7.♛:g6+ ♔f8,
und zum Abschluß wartete
Weiß mit dem stillen Zug
8.♖de1! auf. Schwarz legte die
Waffen nieder (Löwenfisch–
Rawinski, Leningrad 1928).

Aufgabe 308
1.♛f8+ ♔h5 (bei 1. … ♔g5
setzt Weiß mit 2.♛f4+ und
3.♛h4 matt) **2.♛f4! g5**
Wenn sich Schwarz mit 2. …
♛e7 verteidigt, erzwingt sein
Gegner die Entscheidung
durch 3.g4+ ♔h4 4.h3! mit
der Drohung 5.♛h6 matt. Falls
4. … g5 oder 4. … ♛g5, so
5.♛g3 matt. Bei 4. … ♛g7
setzt der Anziehende mit
5.g5+ ♔h5 6.♛g4 matt.
3.♛f7+ ♔h6 (3. … ♔g4
4.♛f3 matt) **4.♛f6+ ♔h5.**
Und wie nun weiter? **5.g4+!**
♔h4 (falls 5. … ♔:g4, dann
6.♛f3+ und 7.♛h3 matt)
6.♛f3.

6. … ♛e4 (eine scharfsinnige,
aber dennoch unzureichende
Verteidigung) **7.♛:e4 d1♛**
8.h3! ♛d7 9.♛f3, und
Schwarz kann dem Matt nicht
mehr entrinnen (Kartanaite–
Kutawitschene, Vilnius 1983).

Aufgabe 309
1. … ♘g3!!
Schwarz räumt die f-Linie und
gewinnt eine Figur.
2.fg ♛:f1+ 3.♛:f1 ♖:f1+
4.♔:f1 ♖:c1+ 5.♔e2 ♗:b2.
Weiß gab auf (Bednarski–Pod-
gajez, Warna 1972).

Aufgabe 310
1.♘c8!!
Durch die Ablenkung des gegnerischen Springers von der
siebenten Reihe kann Weiß
einen vernichtenden Schlag an-
setzen: 1. … ♘:c8 2.♗h5+!
♔:h5 3.♛:h7+ ♔g4 4.♛h4
matt. Bei 1. … ♛:c8 käme
Weiß durch 2.♛:e7 dank den
Drohungen 3.♗h5+ und
3.♛:d6 auf die Dauer zum Erfolg. Das Endspiel nach 2. …
♗e4 3.♗:e4 fe 4.♛:e4 wäre
für Schwarz hoffnungslos.

Da der Springer c8 tabu ist
und Weiß gleichzeitig den
feindlichen auf e7 angreift,
bleibt nur **1. ... ♘g8.** Jetzt
folgt **2.♘:d6,** wonach der Anziehende mit positionellen
Mitteln den Sieg erringt: **2. ...
♕f8 3.♕d7 ♗d3 4.♕e6** (Nei-
bults–Kogan, Riga 1957).
Aus der Partiefortsetzung ist
ersichtlich, warum Weiß den
Springer gerade mit **1.♘c8!**
und nicht mit **1.♘c6** abgelenkt
hat. Im letzten Fall wäre der
Bauer d6 nicht angegriffen.

Aufgabe 311

1. ... ♖d5! 2.♔b1 ♘a4!, und
Weiß ist gegen die Drohung
3. ... ♖d1+ 4.♖c1 ♘c3+
machtlos. Diese Möglichkeit
wurde in der Partie Zeschkowski–Psachis (Irkutsk 1983)
ausgelassen, wonach die Partie
remis ausging.

Aufgabe 312

1.♗:f6 ♗:f6
Auf **1. ... gf** folgt **2.♕g4+
♔h8 3.♕h5** mit gleichzeitigem
Angriff gegen die Punkte h7
und f7.
2.♕f5!
Dieser Zug beruht auf der Fesselung in der e-Linie. Schwarz
muß der feindlichen Dame den
Zutritt nach h7 gewähren, wonach der weiße Angriff unwi-
derstehlich wird.
2. ... ♗:b2
Auf **2. ... h6** würde Weiß mit
**3.♕h7+ ♔f8 4.♘f5! g6
5.♘:h6** fortsetzen.
3.♕:h7+ ♔f8 4.♕h8+

Weiß hatte noch eine andere
Angriffsfortsetzung, die der Variante aus der vorigen Anmerkung ähnelt: **4.♘f5 g6 5.♘h6
♗:a1 6.♗:g6.**
4. ... ♔e7 5.♕h4+ ♗f6 (5. ...
f6 6.♕b4+) **6.♕b4+ ♔d8**
(6. ... ♕d6 7.♘f5+) **7.♖ad1**
Schwarz kann die Katastrophe
in der d-Linie nicht aufhalten
und gab nach **7. ... ♗c3** (falls
7. ... ♗d7, so **8.♗b5;** auf
8. ... ♖e7 setzt Weiß dann
mit **9.♗:d7 ♖:d7 10.♕f8**
matt) **8.♗b5+ ♗d7 9.♕a4
♖e7 10.♖e3 e5 11.♖:c3** die
Partie auf (Lebredo–Chaviano,
Kuba 1980).

Aufgabe 313

1.♗d5! ed
Wenn Schwarz den Punkt e6
durch **1. ... ♘f8** noch einmal
deckt, öffnet Weiß durch
Turmopfer seinem Läufer die
Diagonale: **2.♖:e6! ♘f:e6
3.♖:e6! ♘:e6 4.♗:e6+ ♔f8
5.♕h8+ ♔e7 6.♕f6+ ♔e8
7.♘f5** mit unparierbaren Matt-
drohungen (7. ... d5+ **8.♔h4**).
**2.♕:g7+! ♔:g7 3.♘f5+ ♔g6
4.♖e6+ ♘f6** (4. ... ♔:g5 5.h4
matt) **5.♖:f6+ ♔:g5 6.♖ee6!
♖g2+ 7.♔:g2 ♕d8 8.♘e7.**
Schwarz gab auf (Rossetto–
Cardoso, Portorož 1958).

Aufgabe 314

Es gewinnt **1.♖d7!!**
(Tal–N. N., Simultanvorstel-
lung, Tbilissi 1965).

Aufgabe 315

1.♘f6+!
Auf 1. ... gf wäre 2.♔h1+
♔f8 3.♕d6+ ♖e7 4.♗h6+
nebst 5.♖g8 matt die Folge.
Deshalb muß der schwarze König zur Seite treten.
1. ... ♔f8 2.♕d6+ ♘e7
Weiß könnte jetzt die Qualität einstecken. Er hat aber ein stärkeres, taktisches Mittel parat.
3.♗h6!
Wenn Schwarz diesen Läufer schlägt, macht der bescheidene Zug 4.♔h1 das Matt auf g8 möglich.
3. ... ♖ed8

Die weiße Dame ist angegriffen, aber der König zieht –
4.♔h1! Wenn Schwarz die Dame schlägt, folgt 5.♗:g7 matt. Wird der Läufer beseitigt, setzt 5.♖g8 matt. Schwarz gab deshalb auf (Nassonow–Tschistjakow, UdSSR 1978).

Aufgabe 316

1.♖:d4 (diese Hinlenkung ermöglicht den folgenden Abzugsangriff auf die schwarze

Dame) **1. ... ♕:d4 2.♘:d5**
♖:c1+ (anderenfalls hätte die Dame keinen Rückzug) **3.♕:c1**
♕c5 4.♕g5!
Darauf beruht die weiße Kombination. Durch die Mattdrohung und den gleichzeitigen Angriff auf den Turm d8 gewinnt Weiß das geopferte Material zurück und behält zwei Mehrbauern.
4. ... f6 5.♗:f6! (aber nicht
5.♘:f6+? ♔h8 6.♕h4 wegen
6. ... ♘:f6 7.♗:f6 ♖d1+ usw.)
5. ... ♗g6 (erzwungen) **6.♗:d8**
ed 7.♕:d5+ ♕:d5 8.♗:d5+
♔f8 **9.♗:b7**, und Weiß verwertete mühelos seinen Vorteil (Boneo–Rawson, Buenos Aires 1924).

Aufgabe 317

5.♘:g6! hg
Sofort verliert 5. ... ♗d6 wegen 6.♘:d6 (6. ... ♖:e2 7.♗:f7 matt).
6.♗:f7+! ♔:f7 7.♕c4+ ♔f8
8.♘h6!! Schwarz gab auf (Puiggros–Pedrosa, Buenos Aires 1972).

Aufgabe 318

1.♗:g6+! ♔:g6

2.♘:e5+! fe
Auf 2. ... ♔:h7 folgt 3.♕h5+
♔g8 4.♕f7+ ♔h7 5.0–0–0!
mit der Drohung 6.♖h1+. Die
Unterbrechung der h-Linie
durch 5. ... ♗h3 böte dem
Nachziehenden auch keine
Rettung mehr: 6.♖h1 ♕c8
7.g4!
**3.♕h5+ ♔f6 4.♕:e5+ ♔f7
5.♕:g7+.** Schwarz gab auf.
Wir entnahmen dieses Finale
der Begegnung Palau–te Kolste
(Olympiade 1927).

Aufgabe 319
1. ... ♖:e1+ 2.♖:e1

2. ... ♖e2!!, und Weiß mußte
die Waffen strecken (Bagirow–
Cholmow, 28. Meisterschaft
der UdSSR, 1961).

Aufgabe 320
1. ... ♗e4 2.♕b5 ♕c8!
Schwarz droht Damengewinn
durch 3. ... ♗c6 4.♕b6 ♘d7
oder 4. ... ♖a6.
**3.bc ♕h3! 4.♗e3 ♖eb8 5.c6
♖:b5 6.cb ♘g4 7.♖fb1 ♗:f3
8.ef ♘:h2.** Weiß gab auf (Sei-
rawan–Timman, Montpellier
1985).

Aufgabe 321
Obwohl seine Dame angegriffen ist, zog Schwarz 1. ...
♖:c3!
Dieses Opfer beruht auf der
Ablenkung. Bei 2.♖:d4 folgt
2. ... ♖c1+ 3.♕f1 ♖:f1+
4.♔:f1 ♘:d4, und Schwarz
hätte einen Springer mehr. Die
Kombination erhält aber dadurch ihre besondere Ausstrahlung, daß Weiß die überra-
schende Antwort 2.♕f1 (oder
2.♕e2) parat hat. Wenn nun
Schwarz seine Dame in Sicherheit bringt, könnte Weiß in al-
ler Ruhe den Turm schlagen.

2. ... ♖c8!! 3.♖:d4 ♘:d4
Bevor Schwarz die Kombination einleitete, mußte er die in
dieser scheinbar ruhigen Stellung schlummernde taktische
Finesse erkennen. Es droht die
Hinlenkung der weißen Dame
in eine Springergabel mittels
4. ... ♖c1 5.♕:c1 ♘e2+.
Wenn Weiß versucht, dieses
Vorhaben mit 4.♔h1 zu
durchkreuzen, dann stellt
Schwarz mit 4. ... ♘e2! einfach seine Züge um und behält

am Ende den Springer mehr
(E. Poljak–M. Lewin, Kiew
1949).

Aufgabe 322
Weiß versuchte durch das Ablenkungsopfer **1.☐:b6** (1. …
♛:b6 2.♘e7+) Remis zu erreichen, was der Nachziehende
mit einer forcierten Variante
widerlegte: **1. … ♘f2+ 2.♔g1**
(2.♔g2 ♘:e4+ 3.♔h3 ♘f2+
4.♔g2 ♘g4+ 5.♔h3 ☐:h2+
6.♔:g4 ♛d4+) **2. … ♘h3+
3.♔h1** (bei 3.♔f1 würde Weiß
in zwei Zügen matt gesetzt)
3. … ☐d1+ 4.♔g2 (falls
4.♗:d1 ♛:d1+ 5.♔g2, so
5. … ♛e2+ 6.♔:h3 ♛f1+
7.♔g4 h5+! 8.♔:h5 ♛e2+)
**4. … ♘f4+! 5.gf ♛d2+
6.♔h3 g4+! 7.♗:g4** (7.♔:g4
♛:f4+) **7. … ♛e3+ 8.♔h4**
(8.♔g2 ☐g1 matt) **8. …
♛f2+**, und Weiß wird matt
(Variante aus der Begegnung
F. Olafsson–Simagin, Moskau
1959).

Aufgabe 323
Obwohl es paradox erscheint,
Schwarz kann nach **1.c5!!** nicht
mehr dem Matt entrinnen. Auf
1. … bc wäre 2.♘c4+ ♔b5
3.a4 matt gefolgt. Dieselbe
Mattkonstruktion ergäbe sich
nach 1. … ♘e6 2.♘b7+ ♔b5
3.a4 matt.
Aber was geschieht, wenn
Schwarz mit **1. … b5** die kriti-
schen Punkte c4 und b7 unter
Kontrolle nimmt? Dann bringt
Weiß seinen Gegner durch

2.a3!! in Zugzwang. Nach diesem stillen Zug führt jede
schwarze Antwort zum Matt
(Bernstein–N. N., 1909).

Aufgabe 324
Schwarz darf den Läufer c4
selbstredend nicht mit dem
Springer schlagen, weil er danach durch 2.♘f6+ nebst
3.♘:d7 bestraft würde. Aber
der Turm darf es! Nach **1. …
☐:c4 2.♘:f6+ ♔h8 3.♘:d7**
trägt Schwarz mit einer eleganten Kombination den Sieg davon.

**3. … ♘f3+! 4.gf ☐g8+
5.♔h1 ♛:h2+! 6.♔:h2 ☐h4
matt** (Variante aus der Partie
Furman–Ubilawa, UdSSR
1971).

Aufgabe 325
5.♘:e6! ♔:e6

6.♕d5+!! ♘:d5 7.♗g4+ (der
schwarze König muß unfreiwil-
lig die Reise ins feindliche Lager antreten) **7. ... ♔e5
8.♖f5+ ♔d4 9.♖:d5+ ♔c4
10.♗e2+ ♔b4 11.a3 matt**
(Schulman–Feldmus, Riga
1986).

Aufgabe 326
1.g6! hg 2.♖:g6! dc (wenn
Schwarz den Turm schlägt, gewinnt 3.f7+) **3.♖:g7+ ♔h8**
Bei 3. ... ♔f8 würde Weiß
4.♖g8+! ♔:g8 5.♕g3+ spie-
len.
**4.♖h7+! ♔:h7 5.♕f5+ ♔h6
6.♕h3+ ♔g6 7.♕g3+ ♔h6
8.♕g7+.**
Schwarz gab sich geschlagen,
ohne das Finale 8. ... ♔h5
9.♖f5+ ♔h4 10.♕g3 matt abzuwarten (Villegas–Pulcherio,
Mar del Plata 1928).

Aufgabe 327
Der Damentausch würde nur
zum Remis führen.
Versuchen wir aber, die Stel-

lung des schwarzen Königs
durch **1.g4+ fg 2.♕:f5** auszu-
nutzen.

Wenn sich Schwarz mit 2. ...
♕e1+ 3.♔g2 ♕e2+ 4.♔:g3
♕:a6 an dem Turm vergreift,
wird er durch 5.♕f7+ ♕g6
6.♕f3+ g4 7.hg+ ♔g5 8.♕f4
matt gesetzt.
Aber wie sieht es aus, wenn er
nicht dem Turm a6 nachstellt,
sondern auf Patt spielt? Dieses
Ziel wäre nach 2. ... g2+
3.♔:g2 ♕g3+ erreicht, wenn
Weiß die aufdringliche Dame
schlüge. Dazu ist er aber nicht
verpflichtet, sondern er kann
mit 4.♔f1! dem Patt entgehen.
Sollte die Diagrammstellung
wirklich für Weiß gewonnen
sein?
Nein. Kommen wir noch einmal auf die zuerst genannte
Partievariante zurück: 2. ...
♕e1+ 3.♔g2 ♕e2+ 4.♔:g3,
und jetzt spielen wir anstelle
von 4. ... ♕:a6? (das wurde
eben bereits als Fehler ge-
brandmarkt) stärker 4. ...
♕e5+!, was die Partie rettet

171

(Green–Aitken, Sunderland 1966).

Somit kann Weiß weder durch den Damentausch noch mit 1.g4+ die Partie gewinnen.

Aufgabe 328

1.♖d8+ ♘:d8 (1. ... ♘f8 2.♖:f8+ ♔:f8 3.♕d8 matt) **2.♕:d8+ ♔h7 3.♘g5+ ♔h6** (Schwarz könnte natürlich auch seine Dame geben, aber das würde am Ausgang der Partie nichts mehr ändern) **4.♘:f7+ ♕:f7** (4. ... ♔h7 5.♕h8 matt) **5.♕h4+ ♔g6 6.♕h5 matt.** Diese Möglichkeit blieb in der Partie Kovacs–Beni (Wien 1950) ungenutzt.

Aufgabe 329

1.♗:f7+! ♔:f7 2.♘g5+ ♔g8 Auf 2. ... ♔g6 hätte Weiß den Angriff mit 3.♕g4 h5 (es drohte 4.♘e6+) 4.♘h4+ ♔h6 (bzw. 4. ... ♔f6 5.♕e6+ ♔:g5 6.♘f3+ ♔f4 7.g3+ ♔:f3 8.♖e3 matt) 5.♘f7+ ♔h7 6.♕:h5+ ♔g8 7.♘g5 fortgesetzt, und Schwarz wäre mit seinem Latein am Ende. Bei 2. ... ♔f6 3.♘:h7+ ♔f7 (falls 3. ... ♔e6, so 4.♘:g7+ ♔f7 5.♘g5+! ♔:g7 6.♕h5; 4. ... ♔d7 hätte Weiß mit 5.♕g4+ ♔d8 6.♘e6+ beantwortet) 4.♘g5+ ♔f6 (oder 4. ... ♔g8 5.♕h5 und weiter wie in der Partiefortsetzung) 5.♘:g7! ♕d7 (es drohte 6.♕f3+) 6.♘5e6 wäre die Partie durch die Drohungen

♕d1–f3+ und ♖e1–e3 entschieden.

3.♕h5 ♘:f5 (weil 4.♕f7+ wie auch 4.♕:h7+ droht, bleibt Schwarz keine andere Wahl) **4.♕:h7+ ♔f8 5.♕:f5+ ♔g8** (auf 5. ... ♔e7 hätte Weiß den Gegner mit 6.♕e6+ ♔f8 7.♘h7 matt gesetzt) **6.♕h7+ ♔f8 7.♕f5+ ♔g8**

Schwarz besitzt zwar nach wie vor eine Figur mehr, aber der folgende Zug setzt den Punkt auf das i:

8.♕g6!!

Dieses Manöver mußte Weiß schon vor Beginn der Kombination als Schlüssel zum Erfolg erkennen. Weiß blockiert den g-Bauern und verhindert g7–g6 nebst ♕c7–g7. Gegen das Manöver ♖e1–e3–f3 und ♕g6–h7 matt kann Schwarz jetzt nichts mehr ausrichten. Falls 8. ... ♘e7, so 9.♕f7+ ♔h8 10.♘e6.

8. ... ♕d7 9.♖e3. Schwarz gab auf (Teichmann–Schlechter, Karlsbad 1911).

Aufgabe 330

Man möchte kaum glauben, daß diese Stellung aus einer praktischen Partie hervorgegangen ist. Lassen wir aber die Zweifel beiseite, und lenken wir unsere Aufmerksamkeit auf eine lehrreiche Kombination, mit der Weiß die feindliche Dame gewinnt.

1.♘b6+!

Der Springer opfert sich, um die a-Linie zu öffnen und den

schwarzen König matt zu setzen: 1. ... ab 2.♖a2+ ♔b8
3.♗e5+ ♔c8 4.♖a8 matt.
1. ... ♔b8

2.♖h2! (durch diese und eine
weitere Hinlenkung gerät die
schwarze Dame in eine Springergabel) **2. ... ♕:h2 3.♗e5+
♕:e5 4.♘d7+ ♔c8 5.♘:e5,**
und Schwarz muß gegen die
drohende Bauernverwandlung
seinen Springer geben. Diese
Kombination soll in einer Partie Friedman–Thomson in Kanada 1949 vorgekommen sein.

Aufgabe 331

Der weiße König fühlt sich
recht unbehaglich. Besonders
anfällig sind die Felder d2 und
c1. Zuerst wird der das Feld d2
bewachende Springer beseitigt:
1. ... ♖:f3! 2.gf. Danach räumt
Schwarz die d-Linie: **2. ...
♗:b3+! 3.ab.** Schließlich lenkt
der Nachziehende mit **3. ...
♕c1+!** noch den Turm von
der d-Linie ab und setzt nach
4.♖:c1 mit 4. ... ♖d2 matt
(Bulach–Petrow, Moskau
1951).

Aufgabe 332

Die Stellung ist reif für eine
kombinatorische Lösung:
1.♖:b4! ♗:b4 2.♗b5+ ♔e7
(falls 2. ... ♗d7, so 3.♗:d7+,
und Schwarz darf den Läufer
wegen 4.♘:f6+ nicht schlagen)

3.♕a1! e5
Bei 3. ... ♔f8 käme Weiß
durch 4.♖d1 ♕e7 5.♘:f6 zu
der Drohung 6.♘d5+.
4.♘:e5 ♔f8 5.♘:f6 ♕a5
(5. ... ♕:f6 6.♘d7+)
**6.♘ed7+ ♗:d7 7.♘:d7+ ♔g8
8.♕e5,** und Schwarz gab auf.
Bei 8. ... ♗c3 (gegen das Matt
auf g5 gerichtet) wäre 9.♕g3+
♗g7 10.♘f6+ ♔f8 11.♕d6
matt die Folge (Osmanović–
Přibyl, Prag 1984).

Aufgabe 333

1.♘b5! (die Räumung der großen Diagonalen bereitet ein
Damenopfer vor) **1. ... ab
2.♕:h5! gh**
Falls Schwarz das Opfer durch
2. ... h6 ablehnt, entscheidet
3.♗:g6.

3.♗:h7+ ♔g7 4.ed+
Schwarz konnte diesem tödlichen Abzugsschach auch aus dem Wege gehen, wenn er anstelle von 2. ... gh mit 2. ... ♗:g2+ 3.♔:g2 ♛c6+ seine Dame unter Tempogewinn der Gefahr entzog, aber Weiß hätte dann nach der einfachen Antwort 4.♛f3 eine Figur mehr.
4. ... ♘f6 (noch schlechter wäre 4. ... f6 5.dc) 5.dc ♖:d1 6.♖:d1 ♖e7 (6. ... ♖c8 7.♖d7) 7.♗e5. Schwarz gab auf (Ćrepinšek−Boto, Jugoslawien 1980).

Aufgabe 334

1. ... ♛h3 2.♛f1. Darauf folgte das Damenopfer 2. ... ♛:h2+ 3.♔:h2 ♖cg8, und Weiß hielt angesichts der schrecklichen Drohung 4. ... ♖h5+ die Uhr an. So endete die Partie Samarin−Antoschin (Berdjansk 1985).
Und dennoch brauchte Weiß nicht aufzugeben, sondern konnte die Partie sogar gewinnen, wenn er sich gegen das drohende Matt mit 4.e6! (Unterbrechung der Diagonalen des schwarzen Läufers und gleichzeitige Räumung der fünften Reihe) zur Wehr gesetzt hätte. Dank dieser Riposte kommt Weiß zu einem rechtzeitigen Gegenopfer des Turmes. 4. ... ♗:e6 (4. ... ♖h5+ 5.♛h3) 5.♖:c5! bc 6.♖:c5. Das Matt ist gebannt, Weiß besitzt die Dame für einen Turm, und der Nachzie-

hende könnte die Waffen niederlegen!
Folglich hätte Schwarz von dem Damenopfer Abstand nehmen müssen.

Aufgabe 335

1.♖g1!! ♖:g1+ 2.♔e2 ♖g7
Bei 2. ... ♛:f6 3.♛:f6+ ♖g7 würde Weiß mit 4.♖g1 ♖g8 5.h4! gewinnen.
3.♖g1! ♛f8 (3. ... ♖ag8 4.♛:h7+! nebst 5.♖:g8 matt)
4.♖g3
Gegen die Drohung ♖g3−h3 und ♛h6:h7+ besitzt Schwarz keine ausreichende Verteidigung.
4. ... e4 5.♖h3 ed+ 6.♔d2 ♛g8 7.♘:g8 ♔:g8 8.f6 ♖g6 9.♖g3!, und Schwarz wird matt (Benvenutti−Adorni, Fernpartie 1910/11).

Aufgabe 336

Mit seinem letzten Zug b4−b5 wollte Weiß den feindlichen Läufer von der offenen c-Linie vertreiben. Aufgrund der ungenügenden Deckung des Punktes g2 kann Schwarz aber zu einer Kombination ausholen, die auf Ablenkung, Hinlenkung und Linienräumung beruht: 1. ...♘f4! (Ablenkung des Bauern e3) 2.ef ♖:d2! (Hinlenkung der weißen Dame nach d2) 3.♗h5.
Weiß wartet mit einem ablenkenden Gegenopfer auf. Bei 3.♛:d2 entschiede 3. ... e3 sofort.
3. ... e3!!

Weiß kann nun wählen, ob er die Dame oder den Läufer schlägt. Beides führt am Ende zum gleichen Resultat.
4.bc
Oder 4.♗:g6 ef+ 5.♔f1 ♖e1+! (Hinlenkung) 6.♖:e1 ♗:g2+! (Ablenkung) 7.♔:g2 fe♕+.
4. ... ef+ 5.♔f1 ♖e1+!
6.♖:e1 ♕:g2+! 7.♔:g2 fe♕+ 8.♔h3 ♖:c2 9.♖:c2 bc. Als Ergebnis der Kombination besitzt Schwarz entscheidenden Materialvorteil. Weiß gab die Partie auf (Seybold–Zollner, München 1939).

Aufgabe 337
Der Springer braucht nicht zu weichen. Vielmehr kann Weiß mit **2.♕h5!** forciert gewinnen.
2. ... hg
Falls Schwarz 2. ... ♗:g5 antwortet, so macht sich Weiß die Fesselung auf der Diagonalen a2–g8 zunutze und spielt 3.♕g6!, um auf 3. ... ♗f6 mit 4.♘:h6+ ♔h8 5.♘:f7+ ♖:f7 (5. ... ♔g8 6.♘g5+) 6.♕h5+ ♔g8 7.♕:f7+ nebst 8.♕h5 matt fortzusetzen.

Wenn Schwarz die Diagonale a2–g8 mit 2. ... c4 unterbricht, vernichtet der Anziehende die Bauerndeckung des feindlichen Königs: 3.♘:h6+ gh 4.♕:h6 ♗:g5 5.♕:g5+, und Weiß erreicht durch die Einbeziehung des Turmes (6.♖e3) das Matt.
3.♖e3 g4 (sonst käme ♖e3–h3) **4.♖g3!**
Nun droht u. a. 4.♘h6+ gh 5.♕g6+ ♔g7 6.♕:g4.
4. ... c4 (auch in dieser Variante kann Schwarz durch die Unterbrechung der Diagonalen den Angriff nicht abwehren)
5.♘h6+
Auf 5. ... gh wäre das Schachgebot auf g6 zwar verhindert, aber 6.♕:h6 erwiese sich als völlig ausreichend. Schwarz bekannte sich deshalb geschlagen (Klowan–Osolinsch, Riga 1984).

Aufgabe 338
Weiß muß den Läufer schlagen. Auf **1.♕:g5** (1.♕:e5+? ♗f6) **1. ... ♕b1+ 2.♔d2 ♕b2+ 3.♔d3 ♕b1+ 4.♔c4** (aber ja nicht 4.♔e3?? ♕c1+) **4. ... ♕:e4+ 5.♔:c5 ♕d5+ 6.♔b6 ♕d7** hat er eine kleine Verschnaufpause und kann **7.♕:e5+** spielen. Wohin der schwarze König nun auch zieht, Weiß tauscht die Damen und erhält ein leicht gewonnenes Bauernendspiel: **7. ... ♔h6** (7. ... ♔g8 8.♕b8+ nebst 9.♕c7) **8.♕e3+!** Schwarz gab auf (Gawrikow–Lukin, Lwow 1984).

Aufgabe 339

Mit **1. ... ♘:g4** hoffte Schwarz auf die Variante **2.♗:d6** (wenn Weiß den Springer mit der Dame oder dem Bauern schlägt, würde Schwarz natürlich **2. ... ♖:f4** erwidern) **2. ... ♘f2 3.♗:e7 ♕:e7**, und beide weißen Türme sind angegriffen.

Diese Variante wird jedoch durch das Springeropfer **4.♘b5!** widerlegt. Nach der erzwungenen Annahme des Opfers gerät der schwarze König in einen unparierbaren Angriff: **4. ... cb 5.♗:b5+ ♔f7 6.♕b3+**. Hiernach führt **6. ... ♔f6 7.♕f3+ ♔g5 8.h4+ ♔h6 9.♕e3+** zum Matt, während **6. ... ♕e6** das Spiel durch **7.♗c4** beendet (Simagin–N. Kopylow, Leningrad 1951).

Aufgabe 340

Der Angriff **1.♘f4 ♗:f1 2.♕h5+ g6 3.♘:g6** sieht verführerisch aus.

Indessen widerlegt **3. ... ♗e2!!** diese Idee. Nach **4.♕:e2 hg**

hätte Schwarz einen ganzen Turm mehr, während 4.f3 an **4. ... ♘:g3** scheitert. Weiß mußte deshalb aufgeben (Csom–Flesch, Szombathely 1966).

Aufgabe 341

1. ... ♖b1+!! 2.♔:b1

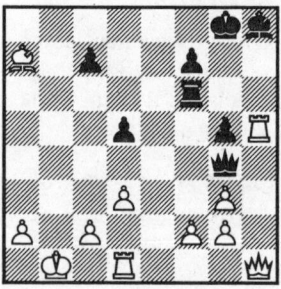

Falls 2.♔d2, so **2. ... ♖:f2+! 3.♗:f2 ♗c3+! 4.♔:c3 ♕b4** matt oder 4.♔e3 d4 matt.
2. ... ♖b6+! 3.♔c1
Auf 3.♗:b6 folgt **3. ... ♕b4+ 4.♔c1 ♗b2+ 5.♔b1 ♗c3+**.
3. ... ♗b2+ 4.♔d2 ♗c3+ (im Grunde genommen spielt Schwarz die in der Anmerkung zum zweiten Zug angeführte Variante) **5.♔c1** (5.♔e3 d4 matt; 5.♔c3 ♕b4 matt) **5. ... ♖b1+ 6.♔:b1 ♕b4+ 7.♔c1 ♕b2 matt** (Vlk–Duras, Prag 1909).

Aufgabe 342

Mit **2.♕e1!** kann Weiß zwei Leichtfiguren für den Turm erobern: **2. ... ♗c5+ 3.♔h1 ♘f2+ 4.♖:f2 ♗:f2 5.♕:f2**. Wenn der Anziehende dagegen

falsch mit 2.fg fortsetzt, würde
dieser Läuferraub wie folgt bestraft: 2. ... ♝c5+ 3.♔h1
♘g3+!! 4.hg ♕g5 5.♖f5 h5!,
und Schwarz gewinnt (Anderssen—Lange, Breslau 1859).

Aufgabe 343

1.♖f5!! ef
Wenn die Dame nach d6 zieht,
folgt 2.♖:f7+! ♝:f7 3.♘f5+,
und auf 1. ... ♕c7 würde
Weiß mit 2.♕g5+ ♔f8
3.♕h6+ ♔e7 4.♕f6+ ♔f8
5.♘:e6+ fortsetzen.
2.♘:f5+ ♔f6 (2. ... ♕:f5
3.♕d6 matt) **3.♖d6+ ♔:f5
4.♕f3+ ♖f4** (4. ... ♔g5
5.♕f6+ und 6.♝d1+)
**5.♕h5+ ♔e4 6.♝c2+ ♔e3
7.♖d3+.** Der König wurde ins
weiße Lager gezwungen und
wird nun dort matt gesetzt:
7. ... ♔f2 (oder 7. ... ♔e4)
8.♖d2+ nebst 9.♕e2 matt
(Kotow—Judowitsch, 11. Meisterschaft der UdSSR, 1939).

Aufgabe 344

Weiß kann durch eine forcierte
taktische Operation im Mehrbesitz eines Springers bleiben:
1.♖e8+ (der gegnerische König wird auf die d-Linie gelenkt) **1. ... ♔d7 2.♖e3!** (die
Fesselung reißt Schwarz aus
seinen Träumen) **2. ... ♕h4.**
Zum Schluß bringt Weiß zwei
Hinlenkungsopfer:

**3.♖:d4+! ♕:d4 4.♖d3! ♕:d3
5.♘e5+** nebst **6.♘:d3** (Kof-
man—Sacchetti, Bukarest).

Aufgabe 345

Wenn Schwarz auf ♝f4—e5+
mit dem König nach g8 ginge,
würde er durch ♘g4—h6 matt
gesetzt. Schwarz gibt auf
1.♝e5+ mit 1. ... ♖:e5 aber
einfach die Qualität. Weiß
könnte auch mit ♕g1—d4+
auf die große Diagonale gelangen, wenn nicht die schwarze
Dame das Feld d4 kontrollieren würde. Schließlich bleibt
noch die Möglichkeit, die
Dame nach a1 zu bringen. Um
diese Aufgabe zu lösen, muß
sich Weiß mehrerer Ablen-
kungsopfer bedienen: **1.♖:b5!
cb 2.♖c8!!**
Wenn Schwarz diesen Turm
schlüge, käme das Spiel sehr
bald zum Schluß: 2. ... ♕:c8
3.♕d4+ e5 4.♕:e5+ ♖:e5
5.♝:e5+ ♔g8 6.♘h6 matt;
2. ... ♖:c8 3.♕a1+ e5
4.♕:e5+ usw.
Der Kampf ist aber noch im
Gange.
2. ... ♕d5!

177

Schwarz droht Matt auf h5, weshalb sich Weiß nicht an dem Turm a8 vergreifen darf. Die Felder d4 und a1 scheinen gut gedeckt zu sein.

3.♕a1+!

Das dritte Ablenkungsopfer. Der schwarze Turm darf die achte Reihe nicht verlassen:

3. ... ♖:a1 4.♖:f8+ ♔g7 5.♘h6 matt.

3. ... e5 4.♘:e5+

Jetzt könnte Weiß 4. ... ♖:e5 mit 5.♖:a8 beantworten. Schwarz findet indessen eine neue Möglichkeit, Gegenspiel zu erhalten.

4. ... ♕:e5(!)

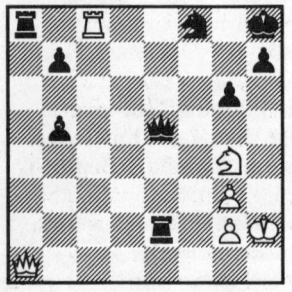

Bei 5.♕:e5+ (5.♘:e5? ♖:a1) 5. ... ♖:e5 6.♖:a8 würde Schwarz 6. ... ♖f5 ziehen.

5.♖:f8+

Die vierte Ablenkung. Diesmal wird der Turm von der a-Linie weggelockt, um die feindliche Dame in Ruhe schlagen zu können.

5. ... ♔g7

Jetzt könnte der Turm a8 ohne weiteres geschlagen werden, allerdings nur mit dem Turm und nicht mit der Dame (6.♕:a8? ♕h5+ 7.♔g1 ♕c5+). Es gibt aber noch ein stärkeres Mittel.

6.♖f7+!

Durch diese Hinlenkung fällt die schwarze Dame mit Schach. Schwarz mußte aufgeben (Tietz–Judd, Karlsbad 1898).

Aufgabe 346

Nach **1.♗:h6! gh 2.♘:h6+ ♔g7 3.g5 ♘eg6 4.gf+ ♔:h6** hatte der Nachziehende eine Figur mehr. Außerdem droht er 5. ... ♘f4 sowie auch 5. ... ♕:h3+ nebst 6. ... ♘f4+. Dank der exponierten Stellung des schwarzen Königs kann Weiß diese Drohungen aber parieren und den eingeleiteten Angriff siegreich vollenden:

5.♘:e5!! ♘f4

Auf 5. ... ♖:e5 hätte Weiß 6.♕d2+ ♔h5 7.♖de1! und ♗c2–d1+ geantwortet. Wenn Schwarz glaubt, seine Drohung 5. ... ♕:h3+ 6.♔:h3 ♘f4+ umsetzen zu können, so wird

er mit 7.♔g4 ♘:e2 8.♖h1
matt eines Besseren belehrt.
6.♘g4+ ♔g5 7.♕f3 ♕e6
8.♗b3 ♗:e4 9.♘h6+ ♔:f6
10.♕:f4+ ♕f5 11.♘g8 matt
(P. Romanowski–A. Poma-
nowski, Petersburg 1910/11).

Aufgabe 347
1.f5! (Feldräumung) 1. ... ♔:f5
Schwarz hat keine Wahl, weil
1. ... gf auf 2.♕f4 matt stößt.
Auf Damentausch (1. ... ♕d4
oder 1. ... ♕f3) darf er sich
nicht einlassen, weil dann der
e-Bauer nicht mehr aufzuhalten wäre.
Nachdem der Bauer f5 vom
Brett ist, erscheint es unvor-
stellbar, daß der isolierte
Kämpfer auf e5 forciert sein
Traumziel erreicht.
2.e6!!

Blockade! Bei 2. ... ♕:e6 oder
2. ... fe nähme sich Schwarz
das einzige Rückzugsfeld, was
3.♕f4 matt zur Folge hätte.
Da auch e6–e7 droht, bleibt
dem Nachziehenden nur eine
Antwort.

2. ... ♕d8 3.ef ♔f6
Es drohte nicht allein 4.♕e8,
sondern auch 4.♕f3+.
4.♕e8 ♕d2+ 5.♔h3, und
Weiß gewinnt (Variante aus
der Begegnung Michailow-Be-
resowski–Klowan, Riga 1974).

Aufgabe 348
1.♗f6 h6
Schwarz wehrt 2.♕g5 ab. Falls
1. ... gf, so 2.♕h6! ♕a4 (2. ...
fe 3.♘g5) 3.ef ♕g4 4.♘g5,
und Schwarz wird matt gesetzt.
2.♕f4! ♕:b2
Analog zur vorangegangenen
Variante würde Weiß 2. ... gf
mit 3.♕:h6 beantworten.
3.♕g4! ♕:f2+ 4.♔h1 g6

5.♕b4! ♗b6 (es drohte
6.♕:f8+ und 7.♖d8 matt)
6.♖d2 ♕e3 7.♖c3 a5 (sonst
verliert Schwarz die Dame)
8.♕:f8+! Auf 8. ... ♔:f8 antwortet Weiß 9.♖:e3, wonach
der Turm e3 wegen des drohenden Matts auf d8 nicht wie-
dergeschlagen werden darf.
Schwarz gab auf (Sax–Swe-
schnikow, Hastings 1977/78).

179

Aufgabe 349

1. ... ♗f4!! (warum Schwarz zwei Leichtfiguren für den Turm opfert, wird am Ende der Kombination klar) 2.♖:f4 (Weiß bleibt keine Wahl) 2. ... ♘:f4 3.♕:f4 ♕b1+ 4.♕c1 ♕:c1+ 5.♗:c1 ♖a8! Achtung, die erste Reihe! Weil Schwarz nun unweigerlich zu ♖a8–a1 kommt, verliert Weiß einen Läufer, und der Nachziehende gewinnt danach mit der Qualität mehr das Endspiel ohne Mühe (Wickmann–Jović, Fernpartie 1965/66).

Aufgabe 350

Mit dem problemhaften Zug 2.♕h5!! bringt Weiß seinen Widerpart in eine ausweglose Situation. Es droht 2.♖g8++, während Schwarz die Dame auch jetzt nicht schlagen darf.

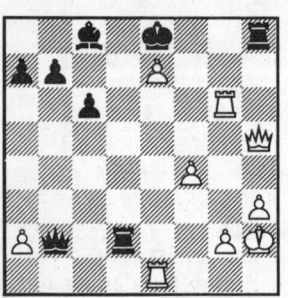

Auf das erzwungene 2. ... ♖:g2+ 3.♖:g2+ ♖:h5 4.♖:b2 trägt Weiß nun mühelos den Sieg davon: 4. ... ♖:h3+ 5.♔g1 ♖h7 6.♖h2 ♖g7+ 7.♔f2 ♖g8 8.♖h6 ♔f7 (sonst entscheidet 9.♖d6) 9.e8♕+

♖:e8 10.♖h7+. Schwarz gab auf (Maróczy–Romi, San Remo 1930).

Aufgabe 351

Es bietet sich 1. ... ♗e2 mit der Mattdrohung g5–g4+ an. Darauf würde Weiß aber durch 2.f4! die Qualität opfern, um auf 2. ... ♗g4+ 3.♔h2 ♗:f4+ 4.g3 ♗:d1 5.gf ein völlig gleichwertiges Endspiel mit ungleichfarbigen Läufern zu erhalten.
Schwarz kann jedoch auf studienartige Weise den Kampf für sich entscheiden: 1. ... g4+! 2.fg ♗e2!! 3.gf h5!!

Wenn Schwarz statt dessen geradlinig 3. ... ♗:d1 gespielt hätte, könnte sich Weiß durch 4.g4 mit drei Bauern für den Läufer aus der Affäre ziehen. Wenn sich Weiß aber jetzt auch noch aus der Mattschlinge retten will, muß er seinen Turm hergeben. Dabei gewinnt Schwarz auch noch den Bauern f5.
Soweit eine Variante aus der Partie Zeschkowski–Rosentalis

(UdSSR 1984). Anstelle des studienhaften Zuges 2. ... ♗e2 begnügte sich Schwarz in dieser Begegnung mit dem Gewinn der Qualität – 2. ... fg+ 3.♔:g4 ♗e2+ 4.♔f5 ♗d1 5.♔:e5 ♔f7 – und erzielte dank den ungleichfarbigen Läufern Remis.

Aufgabe 352

1. ... ♘g3+ 2.hg ♕g7
Auf 2. ... ♕f7 hätte Weiß einfach den Bauern g4 geschlagen. Jetzt droht 3. ... ♕h6 matt.

3.f5
Das Matt ist abgewehrt. Wie soll Schwarz nun zu einer neuen Drohung auf der h-Linie kommen?

3. ... ♕g6!!
Natürlich würde jetzt 4.fg mit 4. ... hg matt beantwortet. Die einzige Verteidigung gegen die Drohung 4. ... ♕h5 matt besteht in 4.♖f2 ♗:f2 5.♕g1. Schwarz muß jetzt den richtigen Zug finden, da 5. ... ♗:g3 an 6.♕c5+ nebst 7.fg scheitert.

5. ... ♗b6!!
Nun ist alles klar. Auf 6.fg (6.♕:b6 ♕h5+ und 7. ... ab) 6. ... hg+ 7.♕h2 wird Weiß matt gesetzt: 7. ... ♖:h2+ 8.♔:h2 ♖h8+ usw.
Noch eine weitere Feinheit sei vermerkt. Bei 6.♖f1 würde Schwarz mit 6. ... ♖df8!! (7.fg ♖:f1 8.♕:f1 hg matt) den Sieg erringen.
Die Partie Becher–Brückner (Porz 1986), deren mögliches Finale wir gerade analysierten, wurde aber schon nach 3. ... ♕g6 beendet, da Weiß bereits resignierte.

Aufgabe 353

1.♕:f8+!!
Die zwei Ausrufezeichen gelten hier nicht dem konkreten Zug, denn der ist recht offensichtlich, sondern der ganzen Kombinationsidee.

1. ... ♕:f8 2.♘e7+ ♔h7
3.♖:f8
Weiß hat eine Figur gewonnen, aber der b-Bauer setzt seinen Marsch fort.

3. ... b2
Auf 3. ... ♖e1 würde Weiß

ebenfalls effektvoll gewinnen:
4.♔f5!, und falls 4. ... g6+, so
5.♔e5 b2 6.♖:f7+ ♔h8 7.hg
♖:e4+ 8.♔f6.

4.♘g6!! Schwarz gab auf
(Miles–Schneider, Philadel-
phia 1980).

Aufgabe 354
Bekanntlich ist der König im
Endspiel eine starke Figur. Gewöhnlich droht ihm in diesem
Partiestadium keine Gefahr,
und er kann sich aktiv am
Kampfgeschehen beteiligen.
Aber jede Regel kennt Ausnah-
men. Im vorliegenden Fall
kommt der aktiv gewordene
schwarze König nach **1.b4** in
Nöte, weil der Bauer c5 abgelenkt wird und die Kontrolle
über den Punkt d4 verliert.
1. ... cb (es drohte 2.b5) **2.f4!!**
Dieser elegante Zug nimmt
dem feindlichen König das
Feld e5 und schafft die Drohung ♖a1–d1–d4 matt. Den
Bauern g3 darf Schwarz wegen
3.♖:e7 matt nicht schlagen.
Schwarz kann sich auch nicht
mehr durch 2. ... ♖h7 be-

freien, weil das 3.♖:e7+!! (Ablenkung) 3. ... ♖:e7 4.♖d1
nebst Matt ermöglichen würde.
2. ... ♖c6
Der Bauer c4 wird attackiert.
Es folgt das geplante **3.♖d1**
und auf 3. ... ♖:c4

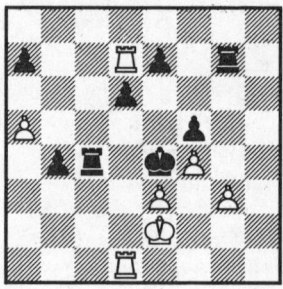

das verblüffende **4.♖c7!!** Damit ist der Turm von der Verteidigung des kritischen Feldes
d4 abgelenkt, und Schwarz gab
auf (Keene–Mortensen, Århus
1983).

Aufgabe 355
1.♖a6 (diese Kombination er-
forderte eine weite Berechnung
über zwölf Züge; danach wird
Schwarz im Mehrbesitz einer
Figur die Partie aufgeben)
1. ... ♖d1+ (1. ... ba
2.♗:c6+) **2.♘e1 ♖:e1+**
3.♕:e1 ♗:e4 (3. ... ♖:e4 führt
mit Zugumstellung zu derselben Stellung) **4.♖:e4 ♖:e4**
5.♕:e4 ba 6.♕:c6+ ♕b7
7.♕e8+ ♕b8 8.♕e4+ ♕b7.
Vielleicht nahm Schwarz noch
an, daß die Partie mit Dauerschach endet.
9.c6! ♕c7 10.♕e8+ ♕b8

11.♕d7!
Zum Schluß ein stiller Zug.
Der schwarze Springer ist viel
zu weit entfernt, um den c-
Bauern noch aufzuhalten.
11. ... ♕b1+ 12.♔h2 ♘f5
13.c7. Schwarz hat kein
Schachgebot mehr und gab auf
(Tarrasch–Gunsberg, Frankfurt
1887).

Aufgabe 356
Wenn es den Springer d6 nicht
gäbe, würde Weiß mit
♖e1–e8+ die Partie gewin-
nen. Deshalb spielte er **1.♘b4!**
(die d-Linie wird für das folgende Opfer geräumt) **1. ... ab**
2.♕:d6!
Die Dame darf natürlich wegen 3.♖e8+ nicht geschlagen
werden. Schwarz kann sich
aber scheinbar gegen das Ein-
dringen auf die letzte Reihe
mit **2. ... ♕d7** verteidigen.
Jetzt käme das geradlinige
3.♕:d7 ♖:d7 4.♖e8+ ♔f7 sogar dem Nachziehenden zu-
gute. Indes ist die Kombination noch nicht beendet. Mit
3.♕d5!! stellt Weiß seine
Dame ein weiteres Mal in den

Angriff und macht sich Ideen
der Fesselung und Ablenkung
zunutze. Wenn die kesse
Dame genommen wird, kann
Weiß mit 4.♖e8+ ♖f8
5.♖:g7+ und 6.♖:f8 matt setzen.
Indessen droht auch 4.♖:g7+.
Das naheliegende 3. ... g6
scheitert an 4.♖ge3. Aus diesen Gründen muß der König
ziehen, um der lästigen Fesselung des Turmes zu entgehen.
3. ... ♔f8

4.♖:g7!!
Jetzt wird eine diagonale Fesselung wirksam. Auf 4. ...
♖:g7 schlüge Weiß die Dame,
während 4. ... ♕d5 dem Anziehenden eine neue kombinatorische Möglichkeit eröffnet:
5.♖g8+! ♔:g8 6.♖e8+ ♖f8
7.♖:f8 matt (Kortschmar–E.
Poljak, UdSSR 1938).

Aufgabe 357
Die weißen Steine führte der
berühmte Anderssen, der seinem Schüler Zukertort einen
Turm vorgegeben hatte (Breslau 1862). Mit einer kompli-

zierten Kombination erreichte Anderssen Remis durch Dauerschach: 1.♕g5 ♕d2 2.♘f5!! ♕:g5

Schwarz mußte das Opfer annehmen, da er bei 2. ... ♕g2+ 3.♕:g2 ♗:g2 mit 4.♘e7+ ♔h8 5.♘:g6+ fg 6.f7+ nebst nachfolgendem Matt mit seiner Kunst am Ende wäre. Schwarz verlöre ebenfalls nach 2. ... ♖fe8 3.♘h6+ ♔h8 (bzw. 3. ... ♔f8 4.♕:d2 ♖:d2 5.♗a3+) 4.♘:f7+ ♔g8 5.♘h6+ ♔h8 6.f7+.

3.♘e7+ ♔h8 4.♘:g6+ ♕:g6 (auch das ist erzwungen, da 4. ... fg an 5.f7+ scheitert) 5.♗:g6 ♖d2. Schwarz hat nichts Besseres und muß sich nun mit Dauerschach abfinden: 6.♖:h7+ ♔g8 7.♖g7+. Mehr als einhundert Jahre galt Anderssens eindrucksvolle Kombination als einziger Rettungsanker für Weiß. Vor nicht allzu langer Zeit entdeckte aber der sowjetische Schachspieler M. Kim, daß Anderssen gewinnen konnte, wenn er die Kombination mit dem Opfer des Läufers einleitete.
1.♗:g6!!

Jetzt stehen Schwarz vier Antworten zu Gebote: 1. ... hg, 1. ... fg, 1. ... ♕:e5 und 1. ... h6. Sehen wir sie der Reihe nach an.

a) 1. ... hg 2.♕g5 ♕d2 (es drohte 3.♖h8+ nebst Matt) 3.♘f5 ♖fe8 (im Unterschied zu Anderssens Kombination ist die h-Linie geöffnet, weshalb 3. ... ♕:g5 an 4.♘e7 matt scheitert, während Weiß bei 3. ... ♘c6 mit 4.♘h6+ gewinnt) 4.♘e7+ ♖:e7 5.fe ♕d6+ 6.♗e5, und Weiß gewinnt.

b) 1. ... fg 2.f7+ ♔:f7 (2. ... ♖:f7 3.♕h8 matt) 3.♖:h7+, und Schwarz wird im nächsten Zuge matt.

c) 1. ... ♕:e5 2.♗:h7+ ♔h8 3.♗:e5

Es droht 4.♘f5, gefolgt von 5.♗g6+ ♔g8 6.♘e7 matt (oder 6.♘h6+ ♔h8 7.♘:f7++ ♔g8 8.♖h8 matt). Wie soll sich Schwarz gegen diese Drohungen zur Wehr setzen? Falls 3. ... ♗c8 (um den Springer nicht nach f5 zu lassen), so 4.♗f4!, und der Läufer wird mit entscheidender Wirkung in den Angriff eingeschaltet (es droht ♗f4–h6–g7 matt), z. B. 4. ... ♖d4 5.♗e4+ ♔g8 6.♗h6 ♖:e4 7.♘:e4 ♗f5 8.♗g7 ♗h7 9.♘g5, und das Matt ist unabwendbar.

Wenn Schwarz den Punkt g2 mit 3. ... ♖d2 angreift, so pariert das der Anziehende durch 4.♗e4+ ♔g8 5.♘f5 und gewinnt ebenfalls.

d) 1. ... h6 2.♕:d6 ♖:d6 3.♘f5 fg 4.♘:h6+ ♔h7 5.♘f5+ ♔g8 6.♘:d6 ♖f7 (verhindert 7.f7+, gefolgt von 8.♖h8 matt) 7.♖h8+ ♔:h8 8.♘:f7+ ♔g8 9.♘h6+ ♔h7 (9. ... ♔f8 10.♗a3+) 10.f7, und der Bauer setzt unter die Partie den Schlußstrich.

**Bitte beachten Sie
die folgenden Seiten**

Juri Awerbach

Erfolg im Endspiel

Ullstein Buch 34802

Die Bedeutung des Endspiels
wird von Anfängern häufig
unterschätzt. Der sowjetische
Großmeister, dessen Werke
über das Endspiel weltweit
anerkannt sind, zeigt, wie man
sich ohne große Vorkennt-
nisse die richtige Behandlung
von Endspielen aneignen
kann. Im ersten Teil erläutert
Awerbach auf leicht verständ-
liche Weise Grundbegriffe
und elementare Endspiele.
Der zweite Teil bietet einen
systematischen Kurs der
verschiedenen Endspielarten.

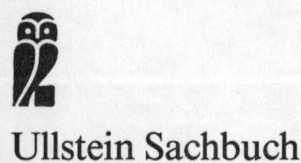

Ullstein Sachbuch

Emil Gelenczei

200 Eröffnungs-fallen

Ullstein Buch 34803

Zuversichtlich beginnt man eine Partie und hat unversehens verloren, bevor der Kampf richtig begonnen hat. Nur weil man die Eröffnungsfalle nicht erkannt hat. Dagegen gibt es nur eins: Man muß die wichtigsten den Eröffnungsfallen zugrundeliegenden Ideen kennen. Diese Kenntnisse zu vermitteln, ist das Anliegen des Autors, der die interessantesten Kurzpartien aus Vergangenheit und Gegenwart gesammelt hat: 200 Beispiele mit eleganten Wendungen und verblüffenden Pointen.

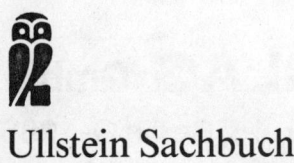

Ullstein Sachbuch